danzig & unfried

INFORMATIONS- UND MEDIENRECHT
Band 9

Daniel Kurzmann

Das Spannungsfeld zwischen DSGVO und ePrivacy-RL

Eine Analyse unter besonderer Berücksichtigung von Cookies und ähnlichen Technologien

danzig & unfried

Die Ausführungen im vorliegenden Werk geben ausschließlich die persönliche Meinung des Autors wieder und binden die Datenschutzbehörde in keiner Weise.

Informieren Sie sich über Neuerscheinungen:
https://news.danzigunfried.com/booknews

www.danzigunfried.com
Printed in Germany
ISBN 978-3-902752-91-8

Inhalt

Abkürzungsverzeichnis 9

1. Einleitung 10

2. DSGVO und ePrivacy-RL 12
2.1 Sachlicher Anwendungsbereich der DSGVO 12
2.2 Rollenverteilung nach der DSGVO 17
2.3 Verarbeitungsgrundsätze und Rechtsgrundlagen der DSGVO . 20
2.4 Verweisnorm Art 94 und Kollisionsnorm Art 95 DSGVO . . . 23
2.5 Sachlicher Anwendungsbereich der ePrivacy-RL 25
2.5.1 Erweiterter sachlicher Anwendungsbereich der ePrivacy-RL . 27
2.6 Österr Umsetzung der ePrivacy-RL durch das TKG 2021 30
2.7 Behördenzuständigkeit, Rechtsschutz und Sanktionen 35

3. Cookies und ähnliche Technologien 39
3.1 Arten von Cookies 39
3.2 Ähnliche Technologien 43
3.3 Anwendbare Normen 45
3.4 Einwilligung und Informationspflicht 45
3.5 Kriterium der technischen Notwendigkeit 49
3.6 Cookie-Banner 52
3.7 Zusammenfassendes Beispiel 59

4. Conclusio und Ausblick 62

Literaturverzeichnis 64

»If you have something that you don’t want anyone to know, maybe you shouldn‘t be doing it in the first place.«

Eric Schmidt, 2009

»Arguing that you don’t care about the right to privacy because you have nothing to hide is no different than saying you don‘t care about free speech because you have nothing to say.«

Edward Snowden, 2015

Abkürzungsverzeichnis

Abs	Absatz
Art	Artikel
bzw	beziehungsweise
DSB	Datenschutzbehörde
DSGVO	Datenschutz-Grundverordnung
dt	deutsche/r/s
EDSA	Europäischer Datenschutzausschuss
ErwGr	Erwägungsgrund
etc	et cetera
EuGH	Europäischer Gerichtshof
IP	Internet Protocol
iSv / iSd	im Sinne von / im Sinne des/der
iVm	in Verbindung mit
mE	meines Erachtens
NGO	Nichtregierungsorganisation
österr	österreichisch/e/s
RL	Richtlinie
Rs	Rechtssache
Rsp	Rechtsprechung
Rz	Randziffer
ua	unter anderem
usw	und so weiter
Z	Ziffer
zB	zum Beispiel

1. Einleitung[1]

Marketingabteilungen sind naturgemäß bestrebt, von BesucherInnen der Webseiten ihrer Unternehmen möglichst viele Daten über deren Online-Surfverhalten, Interessen und Vorlieben im Internet zu sammeln, um ihnen personalisiert Werbung über die von ihnen angebotenen Produkte und Dienstleistungen anzuzeigen. Dementgegen sind NutzerInnen naturgemäß am Schutz ihrer Privatsphäre interessiert und wollen beim Online-Bummeln auf Webseiten den dahinterstehenden Unternehmen ihre Daten nicht - ohne über deren Weitergabe selbst und informiert entschieden zu haben - zur Verfügung stellen. Sowohl die DSGVO[2] als auch die ePrivacy-RL[3] zielen auf den Schutz der Privatsphäre von NutzerInnen ab.

Das zweite Kapitel des vorliegenden Buchs stellt zunächst die DSGVO und die ePrivacy-RL als einschlägige Normen für Digitalverarbeitungen vor und erörtert neben ihren Zielsetzungen die zentralen Begrifflichkeiten und jeweiligen sachlichen Anwendungsbereiche. Dabei wird insbesondere die Frage beantwortet, welche der beiden Normen bei Sachverhalten, die in den Anwendungsbereich sowohl der DSGVO als auch der ePrivacy-RL fallen, anzuwenden ist. Die einschlägige Vorrangregel des Art 95 DSGVO, die den Anspruch hat, das Spannungsverhältnis zwischen beiden Normen zu lösen, wird vorgestellt. Zudem wird auf die besondere österr Umsetzung der ePrivacy-RL in Gestalt des TKG

---

1 In diesem Buch wird nach den NZR zitiert, die Internetquellen wurden am 07.09.2022 abgerufen. Der dem Buch zugrundeliegende Text wurde als Masterthesis im Sommer 2022 zum Abschluss des Universitätslehrgangs Informations- und Medienrecht an der Universität Wien eingereicht.

2 Verordnung 2016/679/EU des Europäischen Parlamentes und des Rates vom 27.04.2016 zum Schutz natürlicher Personen bei der Verarbeitung personenbezogener Daten, zum freien Datenverkehr und zur Aufhebung der Richtlinie 95/45/EG (Datenschutz-Grundverordnung), ABl L 2016/119, 1.

3 Richtlinie 2002/58/EG des Europäischen Parlament und des Rates vom 12.06.2002 über die Verarbeitung personenbezogener Daten und den Schutz der Privatsphäre in der elektronischen Kommunikation (Datenschutzrichtlinie für elektronische Kommunikation), ABl L 2002/201, 37.

2021[4] eingegangen und deren Folgen für die Praxis der Rechtsanwendung aufgezeigt.

Im dritten Kapitel werden die technischen Möglichkeiten und Arten von Cookies und ähnlichen Technologien dargestellt und die einschlägigen Normen erörtert. Ein besonderes Augenmerk wird dabei auf die Anforderungen an eine informierte Einwilligung im Lichte der EuGH-Entscheidung in der Rs *Planet 49*[5] gelegt und diskutiert, in welchen Fällen keine Einwilligung der NutzerInnen in den Einsatz solcher Technologien erforderlich ist. Nach Darlegung der Kriterien für eine rechtskonforme Gestaltung eines Cookie-Banners werden diese mit einem zusammenfassenden Beispiel verdeutlicht.

Abschließend wird eine Conclusio der gewonnenen Erkenntnisse samt Ausblick angeboten.

---

4 Bundesgesetz, mit dem ein Telekommunikationsgesetz erlassen wird (Telekommunikationsgesetz 2021 – TKG 2021), BGBl I 190/2021.

5 EuGH 01.10.2019, C-673/17 (Planet 49).

2. DSGVO und ePrivacy-RL

2.1 Sachlicher Anwendungsbereich der DSGVO

Die DSGVO trat am 24. Juni 2016 in Kraft und ist als unionsrechtliche VO seit 25. Mai 2018 in der gesamten EU verbindlich und unmittelbar anwendbar. Damit ersetzt sie die bis zu diesem Zeitpunkt bestehende Datenschutz-RL[6] aus dem Jahr 1995.[7] Anders als unmittelbar anwendbare unionsrechtliche Verordnungen sind Richtlinien als generell-abstrakte Rechtsakte der EU gem Art 288 Abs 3 AEUV hinsichtlich ihres vorgegebenen Zieles für alle Mitgliedstaaten der EU verbindlich, jedoch nicht unmittelbar anwendbar. Sie bedürfen nämlich der nationalen Umsetzung der jeweiligen Mitgliedstaaten.[8] Diese können zwar frei entscheiden, mit welchem Rechtsinstrument sie das Ziel der RL erreichen, haben jedoch nach der Rsp des EuGH diejenigen Formen und Mittel zu wählen, die die praktische Wirksamkeit bzw den *effet utile* der Ziele der RL am besten gewährleisten.[9] Die Folge der verschiedenen nationalen Gesetze, mit denen die Datenschutz-RL in den jeweiligen Mitgliedstaaten umgesetzt wurde, war eine Zersplitterung des Datenschutzrechts innerhalb der EU.[10] Die DSGVO wirkt dieser Zersplitterung und der damit einhergehenden Rechtsunsicherheit für Normunterworfene entgegen. Für natürliche Personen soll mit ihr ein gleichmäßiges und hohes Datenschutzniveau in Form einer Vollharmonisierung des Datenschutzrechts innerhalb der EU gewährleistet werden.[11]

---

6 Richtlinie 95/46/EG des Europäischen Parlaments und des Rates vom 24. Oktober 1995 zum Schutz natürlicher Personen bei der Verarbeitung personenbezogener Daten und zum freien Datenverkehr, ABl L 1995/281, 31 idF L 2003/284, 1.

7 Art 94 DSGVO.

8 Art 288 Abs 3 AEUV.

9 EuGH 19.01.1982, 8/81 (Becker/Finanzamt Münster-Innenstadt) Rn 17 f; *Isak*, Europarecht Teil 1 Grundlagen-Institutionen-Verfahren[7] (2014) 82.

10 *Jahnel/Pallwein-Prettner*, Datenschutzrecht[3] (2021) 16.

11 ErwGr 9-11 DSGVO.

Der sachliche Anwendungsbereich der DSGVO erstreckt sich gem Art 2 Abs 1 DSGVO auf die »ganz oder teilweise automatisierte Verarbeitung personenbezogener Daten sowie für die nichtautomatisierte Verarbeitung personenbezogener Daten, die in einem Dateisystem gespeichert sind oder gespeichert werden sollen«.

Als »personenbezogene Daten« gelten nach Art 4 Z 1 DSGVO jene »Informationen, die sich auf eine identifizierte oder identifizierbare natürliche Person beziehen«. Der Personenbezug ist hier weit zu verstehen und kann sich dabei entweder direkt oder indirekt aus einer Zuordnung zu einer Kennung ergeben, dies insbesondere zu einem Namen, zu einer Kennnummer, zu Standortdaten oder zu einer Online-Kennung, oder aus einer Zuordnung zu einem oder mehreren besonderen Merkmalen abgeleitet werden, mittels derer eine natürliche Person identifiziert werden kann. Die besonderen Merkmale, die auf eine natürliche Person schließen lassen, beziehen sich dabei auf jene, die Ausdruck der physischen, physiologischen, genetischen, psychischen, wirtschaftlichen, kulturellen oder sozialen Identität der natürlichen Person sind.[12] Unerheblich für das Bestehen eines Personenbezugs ist der Umstand, ob oder auf welchem Medium die Daten gespeichert werden.[13] Für die Frage der direkten oder indirekten Identifizierbarkeit einer natürlichen Person sollen nach ErwGr 26 DSGVO all jene Mittel herangezogen werden, die vom Verantwortlichen oder einem Dritten »nach allgemeinem Ermessen wahrscheinlich genutzt werden«. In diese Verhältnismäßigkeitsabwägung sind auch die Kosten der Identifizierung, der diesbezügliche Zeitaufwand sowie der jeweilige Stand der Technik als Faktoren zu berücksichtigen.[14] Personenbezogene Daten liegen auch dann vor, wenn durch die Kombination mehrerer Eigenschaften der Kreis der potentiell Betroffenen so weit eingeengt werden kann, dass nur noch eine Person übrig bleibt.[15]

In der Rechtswissenschaft ist die Frage offen, ob es auf einen *absoluten* oder *relativen Personenbezug* ankommt. Im ersten Fall wäre das Kriterium für die Beurteilung des Vorliegens eines personenbezogenen

---

12 Art 4 Z 1 DSGVO.

13 *Haidinger*, Grundbegriffe und Definitionen, in Knyrim (Hrsg), Praxishandbuch Datenschutzrecht^4 (2020) 27.

14 ErwGr 26 DSGVO.

15 DSB-D123.224/0004-DSB/2018 vom 14.1.2019.

Datums, ob eine natürliche Person objektiv für irgendjemanden bestimmbar ist. In Heranziehung des oben erwähnten ErwGr 26 DSGVO deutet der EuGH einen solchen absoluten Personenbezug an, wenn er in der Rs *Breyer* ausführt, dass es für den Personenbezug »nicht erforderlich [sei], dass sich alle zur Identifizierung der betreffenden Person erforderlichen Informationen in den Händen einer einzigen Person befinden«.[16] Auch die österr DSB hat in ihrem Bescheid vom 14. Jänner 2019 in Auslegung von ErwGr 26 DSGVO für eine absolute Sichtweise in dieser Frage argumentiert.[17] Im zweiten Fall käme es für das Vorliegen eines Personenbezugs lediglich auf die Perspektive des konkreten Verantwortlichen einer zu beurteilenden Datenverarbeitung an, sodass der Personenbezug eines Datums demzufolge stets relativ zu bewerten sei. *Löffler* spricht sich diesbezüglich für eine relative Sichtweise aus, wenn er ins Treffen führt, den Begriff »irgendjemand« nicht derart extensiv zu verstehen, dass »irgendein unbekannter Akteur mit theoretischem Spezialwissen« den Personenbezug herstellen könne. Das entscheidende Kriterium sei vielmehr, ob die Identifizierung einer natürlichen Person mit vertretbarem und zumutbarem Aufwand erfolgen könne.[18] Auch *Jahnel/Pallwein-Prettner* zufolge müsse der Verantwortliche mit den konkreten Daten zumindest in Berührung kommen können, sodass »sich Verantwortliche bei der Beurteilung des Personenbezugs nicht das gesamte ›Weltwissen‹ zurechnen lassen müssen«.[19]

Beispielsweise sind IP-Adressen dann als personenbezogene Daten zu qualifizieren, wenn sie sich auf eine natürliche Person zurückführen lassen. In der Rs *Breyer* definiert der EuGH IP-Adressen als »Ziffernfolgen, die mit dem Internet verbundenen Computern zugewiesen werden, um deren Kommunikation im Internet zu ermöglichen«. Diese werden an jene Server übermittelt, auf dem die jeweilig abgerufene Webseite gespeichert ist. Auf diese Weise können die abgerufenen Daten an den richtigen Empfänger übertragen werden.[20] Bei sog »statischen« IP-Adressen liegen personenbezogene Daten vor, zumal eine

16 EuGH 06.10.2016, C-582/14 (Breyer) Rz 42 f.

17 DSB-D123.224/0004-DSB/2018 vom 14.1.2019.

18 *Löffler*, Datenschutzrechtliche Herausforderungen beim Besuchertracking, Dako 2/2022, 28 (29).

19 *Jahnel/Pallwein-Prettner*, Datenschutzrecht, 52.

20 EuGH 06.10.2016, C-582/14 Rz 15.

Verbindung zwischen einem Computer und dem vom Internetzugangsanbieter bzw Internet Access Provider verwendeten physischen Netzanschluss hergestellt werden kann. Auf diese Weise ist eine natürliche Person mittels entsprechender Zusatzinformation identifizierbar. Bei sog »dynamischen« IP-Adressen ändert sich die vom Internetanbieter bzw Internet Access Provider den Computern der InternetnutzerInnen zugeordnete IP-Adresse bei jeder neuen Internetverbindung.[21] Mit Hilfe der entsprechenden Logdaten und Zuordnungsdateien haben nur sie die ausschlaggebende Zusatzinformation darüber, welchen NutzerInnen zu welcher Zeit welche konkrete IP-Adresse zugeordnet ist. Im Ergebnis liegen für Internet Access Provider bei dynamischen IP-Adressen daher personenbezogene Daten vor.[22] Laut EuGH können dynamische IP-Adressen jedoch auch für den Anbieter einer Webseite personenbezogene Daten darstellen, nämlich dann, wenn er mit rechtlich zulässigen Mitteln vom Internet Access Provider Zusatzinformationen über eine natürliche Person herausverlangen kann bzw erhält und diese damit identifizieren kann.[23]

Im Fall von Cookies fällt die Einschätzung, ob personenbezogene Daten vorliegen, ähnlich differenziert aus. Für sich genommen stellen die Datensätze, die mittels Cookies bzw kleinen Textdateien auf einer Webseite hinterlegt werden, noch keine personenbezogenen Daten dar. Hinterlassen NutzerInnen beim Aufruf dieser Webseiten jedoch ihre IP-Adresse und/oder andere Merkmale, die ihre Identifikation ermöglichen, zB im Zuge eines Bestell- oder Registrierungsvorgangs, enthalten diese gesammelten Datensätze personenbezogene Daten.[24]

Nach Art 9 Abs 1 DSGVO gehören jene personenbezogenen Daten einer besonderen Kategorie an, aus denen die rassische und ethnische Herkunft, politische Meinungen, religiöse oder weltanschauliche Überzeugungen oder die Gewerkschaftszugehörigkeit hervorgehen sowie genetische Daten, biometrische Daten zur eindeutigen Identifizierung einer natürlichen Person, Gesundheitsdaten oder Daten zum Sexualleben oder der sexuellen Orientierung einer natürlichen Person. Die-

21 EuGH 06.10.2016, C-582/14 Rz 16 f.

22 *Klar/Kühling* in Kühling/Büchner (Hrsg), Datenschutz-Grundverordnung. Kommentar Art 4 Z 1 Rz 35 (2017).

23 EuGH 06.10.2016, C-582/14 Rz 49.

24 *Klar/Kühling* in DSGVO. Kommentar Art 4 Z 1 Rz 36.

se »sensiblen Daten« verdienen aufgrund der mit ihrer Verarbeitung verbundenen »erheblichen Risiken« für die Grundrechte und Grundfreiheiten der betroffenen Personen einen »besonderen Schutz«.[25] Für den Verantwortlichen bedeutet dies, dass er zB im Zusammenhang mit der Verarbeitung von Gesundheitsdaten strengere Anforderungen an die Rechtmäßigkeit gem Art 9 DSGVO erfüllen, erhöhte Datensicherheitsmaßnahmen nach Art 32 DSGVO gewährleisten und allenfalls eine Datenschutz-Folgenabschätzung zur Risikoanalyse nach Art 35 DSGVO durchführen muss. Anknüpfend am obigen Beispiel könnte nun ergänzt werden, dass jene personenbezogenen Daten, die mithilfe von Cookies oder ähnlichen Technologien beim Aufruf einer Webseite von BesucherInnen erhoben werden, auch jene von besonderer Kategorie, dh sensible Daten darstellen können. Dies nämlich insbesondere dann, wenn sie sich im Internet über ansteckbare Krankheiten oder bestimmte religiöse Gruppierungen informieren oder zB Webseiten mit pornographischen Inhalten aufrufen.[26]

Als »Verarbeiten« beschreibt Art 4 Z 2 DSGVO jeden Vorgang oder jede Vorgangsreihe im Zusammenhang mit personenbezogenen Daten, und zwar unabhängig davon, ob sie mit oder ohne Hilfe automatisierter Verfahren ausgeführt wird. Ähnlich wie obige Legaldefinition ist auch dieser Begriff weit zu verstehen: Demnach zählt als »Verarbeiten« insbesondere das Erheben, Erfassen, die Organisation, das Ordnen, die Speicherung, die Anpassung oder Veränderung, das Auslesen, Abfragen, die Verwendung, die Offenlegung durch Übermittlung, Verbreitung oder eine andere Form der Bereitstellung, der Abgleich oder die Verknüpfung, die Einschränkung sowie das Löschen oder Vernichten.[27]

Der Begriff »automatisiert« wird im Normtext der DSGVO keiner Legaldefinition zugeführt, doch könne man *Jahnel/Pallwein-Prettner* zufolge stets dann von einer »automatisierten Verarbeitung« ausgehen, wenn diese »computergestützt« erfolgt.[28] Heutzutage gilt folglich wohl jede mithilfe von Computer oder zB Handy bzw Smartphone ausgeführte Tätigkeit als »automatisiertes Verarbeiten« iSd DSGVO. ErwGr

---

25 ErwGr 51 DSGVO.

26 *Wagner*, Cookies im Datenschutzrecht – ausgewählte Rechtsprobleme, in Jahnel (Hrsg), Jahrbuch Datenschutzrecht 2014/3 (2014) 140.

27 Art 4 Z 2 DSGVO.

28 *Jahnel/Pallwein-Prettner*, Datenschutzrecht, 16.

15 DSGVO betont die Wichtigkeit eines technologieneutralen Schutzes natürlicher Personen, der nicht von den verwendeten Techniken abhängt.[29] Auch ErwGr 46 ePrivacy-RL unterstreicht die Technologieneutralität des Datenschutzrechts.[30]

Art 2 Abs 2 DSGVO listet taxativ die Ausnahmen vom sachlichen Anwendungsbereich der DSGVO auf. So findet sie keine Anwendung auf Tätigkeiten, die nicht in den Anwendungsbereich des Unionsrecht fallen (lit a) oder die sich auf die Gemeinsame Außen- und Sicherheitspolitik iSv Titel V Kap 2 EUV beziehen (lit b). Von der DSGVO ausgenommen sind zudem Verarbeitungen durch natürliche Personen zur Ausübung ausschließlich persönlicher oder familiärer Tätigkeiten (sog »Haushaltsausnahme«, lit c) oder Verarbeitungen durch die zuständigen Behörden zum Zwecke der Verhütung, Ermittlung, Aufdeckung oder Verfolgung von Straftaten oder der Strafvollstreckung einschließlich des Schutzes vor und der Abwehr von Gefahren für die öffentliche Sicherheit (lit d). Letztgenannte Verarbeitungen werden gesondert durch die Datenschutz-RL Polizei und Strafjustiz 2016/680[31] geregelt, die ihre nationale Umsetzung im 3. Hauptstück des DSG bzw in §§ 36 ff DSG erfahren hat.

2.2 Rollenverteilung nach der DSGVO

Die DSGVO kennt fünf Akteure, die im Folgenden skizziert werden. Die Festlegung der jeweiligen Rolle ist für die Beurteilung eines datenschutzrechtlichen Sachverhalts insofern relevant, als von dieser die damit verknüpften jeweiligen Pflichten bzw Rechte aus der DSGVO ableitbar sind:

»Betroffene Person« ist gem Art 4 Z 1 DSGVO jene identifizierte oder identifizierbare natürliche Person, auf die sich die Informationen be-

29 ErwGr 15 DSGVO.

30 ErwGr 46 ePrivacy-RL.

31 Richtlinie (EU) 2016/680 des Europäischen Parlaments und des Rates vom 27. April 2016 zum Schutz natürlicher Personen bei der Verarbeitung personenbezogener Daten durch die zuständigen Behörden zum Zwecke der Verhütung, Ermittlung, Aufdeckung oder Verfolgung von Straftaten oder der Strafvollstreckung sowie zum freien Datenverkehr und zur Aufhebung des Rahmenbeschlusses 2008/977/JI des Rates, ABl L 2016/119, 89.

ziehen und deren personenbezogene Daten verarbeitet werden (siehe oben). Als »zentrales Schutzobjekt« der DSGVO kommen ihr im Zeitraum von Geburt bis zu ihrem Tod die durch datenschutzrechtliche Normen gewährleisteten Rechte zu.[32] So stehen betroffenen Personen etwa die Betroffenenrechte nach DSGVO und DSG zu. Sie allein sind Souverän ihrer personenbezogenen Daten.

»Verantwortlicher« ist gem Art 4 Z 7 DSGVO jene natürliche oder juristische Person, Behörde, Einrichtung oder andere Stelle, die allein oder gemeinsam mit anderen über die Zwecke und Mittel der Verarbeitung von personenbezogenen Daten entscheidet. Die DSGVO folgt dabei einem funktionellen Ansatz, sodass es hierbei auf die tatsächlichen Gegebenheiten bzw auf das faktische Verhalten der Akteure ankommt. Damit ist der Verantwortliche primärer Adressat für die Einhaltung aller datenschutzrechtlichen Verpflichtungen wie zB für die Einhaltung der Verarbeitungsgrundsätze (siehe unten), Erfüllung der Informationspflichten und Wahrnehmung von Betroffenenrechten, Gewährleistung der Datensicherheit, allenfalls Erstellung eines Verarbeitungsverzeichnisses und einer Datenschutz-Folgenabschätzung. Im Umkehrschluss haftet er für DSGVO-Verstöße und ist diesbezüglich passivlegitimiert für materielle oder immaterielle Schadenersatzansprüche nach Art 82 DSGVO.[33]

Legen zwei oder mehr Verantwortliche gemeinsam die Zwecke der und die Mittel zur Verarbeitung fest, sind sie gemeinsam Verantwortliche. Nach Art 26 DSGVO ist in diesen Fällen der Abschluss einer Vereinbarung über die gemeinsame Verantwortung angezeigt.

»Auftragsverarbeiter« ist gem Art 4 Z 8 DSGVO jene natürliche oder juristische Person, Behörde, Einrichtung oder andere Stelle, die personenbezogene Daten im Auftrag des Verantwortlichen verarbeitet. Er ist Letzterem gegenüber weisungsgebunden und die Rechtmäßigkeit der jeweiligen Datenverarbeitung wird durch den erteilten Auftrag bestimmt. Eine Verarbeitung personenbezogener Daten für eigene Zwecke ist daher nicht möglich. Als rechtlich Eigenständiger darf der Auftragsverarbeiter nicht in die Organisation des Verantwortlichen ein-

32 *Jahnel/Pallwein-Prettner*, Datenschutzrecht, 61.

33 *Pachinger*, Datenschutz-Verträge (2021) 9; *Gabauer/Knyrim*, Checkliste Prüfschema zur datenschutzrechtlichen Rollenverteilung, Dako 2019/8, 14.

gegliedert sein.[34] Liegt eine Auftragsverarbeitung vor, ist der Abschluss eines Auftragsverarbeitungsvertrags nach Art 28 DSGVO angezeigt. Für DSGVO-Verstöße haftet ein Auftragsverarbeiter neben dem Verantwortlichen eigenständig gegenüber betroffenen Personen für einen entstandenen materiellen oder immateriellen Schaden.[35]

Als »Dritter« gilt nach Art 4 Z 10 DSGVO jene natürliche oder juristische Person, Behörde, Einrichtung oder andere Stelle, der weder die Rolle einer betroffenen Person, eines Verantwortlichen noch eines Auftragsverarbeiters zugeschrieben wird und die personenbezogene Daten verarbeitet. In der Beurteilung der Rollenverteilung in einem konkreten datenschutzrechtlichen Sachverhalt nimmt ein Dritter letztlich – in Abgrenzung zu den anderen Rollen – selbst jene eines anderen Verantwortlichen ein.[36]

»Empfänger« ist schließlich gem Art 4 Z 9 DSGVO jene natürliche oder juristische Person, Behörde, Einrichtung oder andere Stelle, der – unabhängig davon, ob es sich bei ihr um einen Dritten handelt – personenbezogene Daten offengelegt werden. In Abgrenzung zu den anderen Rollen ist »Empfänger« zunächst als übergeordneter Begriff neutral zu verstehen. Empfänger können damit all jene Akteure sein, die nicht Verantwortliche sind oder diesen zugeordnet werden.[37]

Das folgende Beispiel soll die datenschutzrechtliche Rollenverteilung möglichst praxisnah verbildlichen:

Die Universität A möchte aus Gründen der Sparsamkeit die Software-Tools X und Y auf einer externen österr Cloud speichern. Zu diesem Zweck schließt sie mit dem Cloud-Anbieter B einen Dienstleistungsvertrag über das Speichern der Software-Tools und legt darin die Auftragsmodalitäten fest (Auftragsvolumen in Höhe von jährlich EUR 15.000 für die Vertragsdauer von fünf Jahren). Die Universität entscheidet hier über den Zweck (Speichern der Software-Tools X und Y) und die Mittel (jährlich EUR 15.000 für die Vertragsdauer von fünf Jahren) der Verarbeitung personenbezogener Daten. A ist daher Verantwortlicher iSd Art 4 Z 7 DSGVO. Der Cloud-Anbieter speichert die personen-

34 *Illibauer*, Outsourcing und Kooperationen, in Knyrim (Hrsg), Praxishandbuch Datenschutzrecht (2020) 256.

35 *Jahnel/Pallwein-Prettner*, Datenschutzrecht, 129 f.

36 *Hartung* in DSGVO. Kommentar Art 4 Z 10 Rz 1.

37 *Hartung* in DSGVO. Kommentar Art 4 Z 9 Rz 5 f.

bezogenen Daten im Auftrag von A, ist weder in die Organisation von A eingebunden, noch verarbeitet er die personenbezogenen Daten für eigene Zwecke. B ist daher Auftragsverarbeiter iSd Art 4 Z 8 DSGVO. Aufgrund dieser Rollenverteilung sind A und B nach Art 28 DSGVO verpflichtet, einen Auftragsverarbeitungsvertrag abzuschließen. Um den Dienstleistungsvertrag erfüllen zu können, werden B personenbezogene Daten von A offengelegt, daher ist Letzterer zudem Empfänger iSd Art 4 Z 9 DSGVO. Die MitarbeiterInnen von A werden im Rahmen ihres Dienstverhältnisses für die Universität tätig. Sofern sie die an der Universität eingesetzten Software-Tools im Verantwortungsbereich von A für dienstliche Zwecke nutzen, gelten sie hinsichtlich der Verarbeitung ihrer personenbezogenen Daten durch den Cloud-Anbieter B als betroffene Personen iSd Art 4 Z 1 DSGVO.

2.3 Verarbeitungsgrundsätze und Rechtsgrundlagen der DSGVO

Art 5 DSGVO führt die Grundsätze für eine Verarbeitung von personenbezogenen Daten auf. So müssen diese zunächst gem Art 5 Abs 1 lit a DSGVO auf rechtmäßige Weise, nach Treu und Glauben und in einer für die betroffenen Personen nachvollziehbaren Weise verarbeitet werden. Als rechtmäßig gilt eine Verarbeitung dann, wenn sie sich auf einen der in Art 6 bzw Art 9 Abs 2 DSGVO aufgezählten Ausnahmetatbestände vom generellen Verarbeitungsverbot stützt, sie durch einen befugten bzw zuständigen Verantwortlichen erfolgt sowie gegen keine sonstigen datenschutzrechtlichen Bestimmungen verstößt. Den Maßstaben Treu und Glauben entspricht eine faire, für die Betroffenen vernünftig erwartbare Verarbeitung.[38] Transparent erfolgt eine Verarbeitung, wenn Verantwortliche gegenüber Betroffenen die Informationspflichten gem Art 12 ff DSGVO erfüllen, sie Letzteren ua also mitteilen, dass personenbezogene Daten verarbeitet werden, welche Daten von ihnen konkret zu welchem Zweck und von wem verarbeitet werden sowie an wen diese Daten allenfalls weitergegeben werden.

Der Zweckbindungsgrundsatz legt fest, dass personenbezogene Daten »für festgelegte, eindeutige und legitime Zwecke« erhoben werden müssen und nicht in einer Weise weiterverarbeitet werden dürfen, die

38 *Haidinger* in Knyrim, Praxishandbuch Datenschutzrecht, 50.

mit diesen Zwecken nicht zu vereinbaren wären.[39] Eine Verarbeitung personenbezogener Daten kann demnach diesem Grundsatz nur dann entsprechen, wenn für diese im Vorhinein ein eindeutiger und konkreter Zweck definiert werden kann, der »in sich selbst legitim« ist.[40] Der Bestimmtheitsgrad der Definition eines Verarbeitungszwecks ist dabei stets in Verhältnis zur jeweiligen Situation zu setzen. *Haidinger* zufolge wäre der Bestimmtheitsgrad zB bei Verarbeitungen zur »Verbesserung der Benutzerfreundlichkeit« oder etwa zu »Marketingzwecke[n]« zu generell bzw zu vage.[41] Eine Ausnahme von der strengen Regelung, wonach eine Weiterverarbeitung von personenbezogenen Daten nur möglich ist, wenn diese mit dem ursprünglichen Verarbeitungszweck vereinbar ist, findet sich in Art 5 Abs 1 lit b DSGVO. Demnach gilt eine Weiterverarbeitung für im öffentlichen Interesse liegende Archivzwecke, für wissenschaftliche oder historische Forschungszwecke oder für statistische Zwecke iSd Art 89 Abs 1 DSGVO nicht als unvereinbar mit den ursprünglichen Zwecken.[42]

Dem Grundsatz der Datenminimierung zufolge müssen personenbezogene Daten »dem Zweck angemessen und erheblich sowie auf das für die Zwecke der Verarbeitung notwendige Maß beschränkt« sein.[43] Die Trias der Angemessenheit, Erheblichkeit und Beschränkung ergibt sich aus einem grundrechtlichen Verständnis, wonach im Zusammenhang mit einem Grundrechtseingriff stets die Verhältnismäßigkeit geprüft werden muss. Eine Verarbeitung ist etwa dann nicht angemessen, wenn der Verantwortliche den gleichen Zweck auch mit anonymen Daten erreichen könnte. Sie ist dann nicht erheblich, wenn die verarbeiteten Daten für den konkreten Zweck »nicht einmal förderlich oder schlichtweg ungeeignet« sind.[44] Den Grundsatz der Datenminimierung verletzt auch eine überschießende Datenverarbeitung, die sich also nicht auf das für den jeweiligen konkreten Zweck unbedingt erforderliche Maß beschränkt.

Damit geht unmittelbar der Grundsatz der Speicherbegrenzung

39 Art 5 Abs 1 lit b DSGVO.
40 *Jahnel/Pallwein-Prettner*, Datenschutzrecht, 33.
41 *Haidinger* in Knyrim, Praxishandbuch Datenschutzrecht, 53.
42 Art 5 Abs 1 lit b iVm Art 6 Abs 4 DSGVO.
43 Art 5 Abs 1 lit c DSGVO.
44 *Haidinger* in Knyrim, Praxishandbuch Datenschutzrecht, 56.

nach Art 5 Abs 1 lit e DSGVO einher. Personenbezogene Daten dürfen nach diesem nur so lange gespeichert werden, wie es für die Zwecke, für die sie verarbeitet werden, unbedingt erforderlich ist. In diesem Zusammenhang fordert ErwGr 37 DSGVO Verantwortliche zur regelmäßigen Überprüfung auf, ob von ihnen verarbeitete personenbezogene Daten tatsächlich nicht länger als nötig gespeichert werden.[45] *Jahnel/Pellwein-Prettner* leiten daraus ab, dass jene personenbezogenen Daten, die nicht mehr benötigt werden, »jedenfalls unwiederbringlich und gänzlich« zu löschen seien und führen als herausforderndes Beispiel in der Praxis für Unternehmen das Erstellen von Back-ups ins Treffen. Das Ziel von Back-ups ist die zeitlich und inhaltlich möglichst umfangreiche Sicherung von Daten, eine technisch-organisatorische Lösung zur unverzüglichen Löschung werde in der Praxis kaum möglich sein. § 4 Abs 2 DSG enthält für diesen Fall eine Erleichterung. Eine Löschung von automationsunterstützt verarbeiteten personenbezogenen Daten muss dann nicht unverzüglich erfolgen und ist eine Einschränkung der Verarbeitung iSv Art 18 Abs 2 DSGVO in diesen Fällen ausreichend, wenn dies aus wirtschaftlichen oder technischen Gründen nur zu bestimmten Zeitpunkten vorgenommen werden kann.[46] Auch der Grundsatz der Speicherbegrenzung enthält eine Ausnahme zugunsten von Verarbeitungen zu im öffentlichen Interesse liegende Archivzwecke, für wissenschaftliche oder historische Forschungszwecke oder für statistische Zwecke iSd Art 89 Abs 1 DSGVO.

Wie oben angeklungen, enthält die DSGVO ein grundsätzliches Verbot der Verarbeitung von personenbezogenen Daten. Da dieses Verbot unter Erlaubnisvorbehalt steht, ist eine Datenverarbeitung dann rechtmäßig, wenn sie auf zumindest eine der in Art 6 DSGVO aufgezählten Erlaubnistatbestände bzw Rechtfertigungsgründe gestützt werden kann.[47] Demgemäß kann eine Verarbeitung nach Art 6 Abs 1 lit a DSGVO erlaubt sein, wenn die betroffene Person in die Verarbeitung ihrer personenbezogenen Daten für einen oder mehrere Zwecke eingewilligt hat; die konkrete Verarbeitung nach Art 6 Abs 1 lit b DSGVO für die Erfüllung eines Vertrages, dessen Vertragspartei die betroffene Person ist, oder zur Durchführung vorvertraglicher Maßnahmen, die auf An-

45 ErwGr 37 DSGVO.
46 *Jahnel/Pallwein-Prettner*, Datenschutzrecht, 35.
47 Art 6 Abs 1 DSGVO.

frage der betroffenen Person erfolgen, erforderlich ist; die Verarbeitung nach Art 6 Abs 1 lit c DSGVO zur Erfüllung einer den Verantwortlichen treffenden rechtlichen Verpflichtung erforderlich ist; die Verarbeitung nach Art 6 Abs 1 lit d DSGVO erforderlich ist, um lebenswichtige Interessen der betroffenen Person oder einer anderen natürlichen Person zu schützen; die Verarbeitung nach Art 6 Abs 1 lit e DSGVO für die Wahrnehmung einer im öffentlichen Interesse liegenden Aufgabe oder in Ausübung von dem Verantwortlichen übertragenen öffentlichen Gewalt erfolgt; oder die Verarbeitung nach Art 6 Abs 1 lit f DSGVO zur Wahrung der berechtigten Interessen des Verantwortlichen oder eines Dritten erforderlich ist, sofern nicht die Interessen oder Grundrechte und Grundfreiheiten der betroffenen Person überwiegen. Dies insbesondere dann, wenn es sich bei der betroffenen Person um ein Kind handelt. Die Erlaubnistatbestände Einwilligung (Art 6 Abs 1 lit a DSGVO) und berechtigtes Interesse (Art 6 Abs 1 lit f DSGVO) finden im Laufe der vorliegenden wissenschaftlichen Arbeit noch nähere Betrachtung.

Das generelle Verbot der Verarbeitung von sensiblen Daten gilt nach Art 9 Abs 2 DSGVO ua dann nicht, wenn die betroffene Person in die Verarbeitung ausdrücklich einwilligt (Art 9 Abs 2 lit a DSGVO), sich auf solche personenbezogenen Daten bezieht, die die betroffene Person offensichtlich öffentlich gemacht hat (Art 9 Abs 2 lit e DSGVO), die Verarbeitung zum Schutz ihrer lebenswichtigen Interessen oder jener einer anderen natürlichen Person erfolgt (Art 9 Abs 2 lit c DSGVO), für Zwecke der Gesundheitsvorsorge oder der Arbeitsmedizin (Art 9 Abs 2 lit h DSGVO) oder zB aus Gründen des öffentlichen Interesses im Bereich der öffentlichen Gesundheit (Art 9 Abs 2 lit i DSGVO) erforderlich ist.

2.4 Verweisnorm Art 94 und Kollisionsnorm Art 95 DSGVO

Art 94 Abs 2 DSGVO hält fest, dass Verweise auf die aufgehobene Datenschutz-RL als Verweise auf die DSGVO sowie jene auf die durch die Datenschutz-RL eingesetzte Art-29-Datenschutzgruppe als Verweise auf den mit der DSGVO eingerichteten Europäischen Datenschutzausschuss (im Folgenden kurz: EDSA) gelten. Letzterer ist ein Gremium bestehend aus den LeiterInnen der Aufsichtsbehörden der EU-Mitgliedstaaten und dem Europäischen Datenschutzbeauftragten oder ihren VertreterInnen. Der EDSA verfolgt das Ziel, zur einheitlichen Anwendung der Datenschutzvorschriften beizutragen sowie die Zusammenarbeit der Datenschutzbehörden innerhalb der EU zu fördern.[48]

Art 95 DSGVO zielt dezidiert auf das Verhältnis zwischen DSGVO und ePrivacy-RL ab: Die DSGVO erlegt natürlichen oder juristischen Personen in Bezug auf die Verarbeitung in Verbindung mit der Bereitstellung öffentlich zugänglicher elektronischer Kommunikationsdienste in öffentlichen Kommunikationsnetzen innerhalb der EU demnach nur dann keine zusätzlichen Pflichten auf, wenn sie besonderen sich aus der ePrivacy-RL ergebenden Pflichten unterliegen, die dasselbe Ziel verfolgen.[49] In jenen Bereichen, in denen die ePrivacy-RL im Verhältnis zur DSGVO speziellere Regeln vorsieht, gilt daher die ePrivacy-RL als lex specialis[50] zur DSGVO. Bekräftigt wird dies durch ErwGr 173 DSGVO, wonach die ePrivacy-RL zudem zur Klarstellung des Verhältnisses zur DSGVO entsprechend geändert sowie einer Überprüfung insbesondere hinsichtlich der Gewährleistung der Kohärenz zur DSGVO unterzogen werden sollte.[51] *Feiler/Forgó* zufolge sei auf eine Novellierung der ePrivacy-RL jedenfalls zu hoffen, zumal das »Abgrenzungskriterium der Verfolgung desselben Zieles zu erheblichen Rechtsunsicherheiten bei der Anwendung der DSGVO« führe.[52] Zu einer derartigen Novellierung in Form der geplanten »ePrivacy-VO« ist es bis zum Zeitpunkt der Veröffentlichung des vorliegenden Buchs nicht gekommen. Auch *Kühling/Raab* lokalisieren in der jeweiligen Prüfung, ob die besonderen Vorschriften der ePrivacy-RL die allgemeinen Regeln der DSGVO »auch tatsächlich verdrängen«, die größte Herausforderung.[53] »Mit hoher Wahrscheinlichkeit« könne man jedoch *Feiler/Forgó* zufolge darauf schließen, dass die Art 32-34 DSGVO betreffend die Sicherheit personenbezogener Daten dieselben Ziele wie die ePrivacy-RL verfolgen und folglich nicht auf Anbieter öffentlich zugänglicher elektronischer Kommunikationsdienste anwendbar seien.[54]

---

48 Webseite des EDSA, <edpb.europa.eu/edpb_de> (07.09.2022).

49 Art 95 DSGVO.

50 Dem Grundsatz *lex specialis derogat legi generali* zufolge verdrängt eine speziellere die allgemeine Regel und versteht sich damit als juristische Auslegungsregel bei Normenkonflikten.

51 ErwGr 173 DSGVO.

52 *Feiler/Forgó* (Hrsg), EU-DSGVO: Kurzkommentar, Art 95 (2016).

53 *Kühling/Raab* in DSGVO. Kommentar Art 95 Rz 1.

54 *Feiler/Forgó*, Kurzkommentar, Art 95; Auch *Krizanac* teilt diese Einschätzung: *Krizanac*, Art 95 DSGVO. Verhältnis zur Richtlinie 2002/58/EG, in

Dem EDSA zufolge liegt das Regelungsziel von Art 95 DSGVO insbesondere darin, Verantwortlichen einer Verarbeitung personenbezogener Daten vor dem Hintergrund einer gleichzeitigen Anwendbarkeit von ePrivacy-RL und DSGVO »vor unnötigem Verwaltungsaufwand zu bewahren«. So enthalten beispielsweise sowohl Art 4 ePrivacy-RL als auch Art 32-34 DSGVO eine Meldepflicht für Verletzungen des Schutzes personenbezogener Daten. Es sei klar, dass eine doppelte Meldepflicht zwar einen zusätzlichen Aufwand bedeuten würde, der aber gleichzeitig »ohne unmittelbaren offenkundigen Nutzen für den Datenschutz« wäre.[55]

Die Normierung dieser »beschränkte[n] Vorrangregel« in Art 95 DSGVO ist *Jahnel* zufolge dem Umstand geschuldet, dass es mangels politischer Einigung nicht zur mit der DSGVO zeitgleichen Erlassung der »ePrivacy-VO« gekommen ist. Diese hätte eine neue Rechtsgrundlage für elektronische Kommunikationsdienste bringen und damit die derzeit geltende ePrivacy-RL ersetzen sollen.[56]

2.5 Sachlicher Anwendungsbereich der ePrivacy-RL

Öffentliche Kommunikationsnetze wurden Anfang der 2000er Jahre zusehends mit »fortschrittlichen neuen Digitaltechnologien« ausgestattet und der für viele NutzerInnen leistbare Zugang zu digitalen Mobilfunknetzen, die bereits zu dieser Zeit über große Kapazitäten und Möglichkeiten zur Datenverarbeitung verfügten, eröffneten einerseits für sie neue Möglichkeiten, bergen andererseits aber auch neue Anforderungen und Risiken für den Schutz ihrer personenbezogenen Daten und ihrer Privatsphäre.[57]

Vor diesem Hintergrund wurde vom Unionsgesetzgeber am 12. Juni 2002 die ePrivacy-RL erlassen. Sie zielt gem Art 1 Abs 1 ePrivacy-RL darauf ab, die Grundrechte und Grundfreiheiten der Öffentlichkeit bei der Nutzung von elektronischen Kommunikationsnetzwerken innerhalb

---

Knyrim (Hrsg), DatKomm Art 95 DSGVO Rz 4 (2018).

55 EDSA, Stellungnahme 5/2019 zum Zusammenspiel der e-Datenschutz-Richtlinie und der DSGVO (2019) 15.

56 *Jahnel* (Hrsg), Kommentar zur Datenschutz-Grundverordnung (DSGVO), Art 95 Rz 1 f (2021).

57 ErwGr 5 und 6 ePrivacy-RL.

der EU zu gewährleisten und durch Harmonisierung der diesbezüglich erforderlichen nationalen Vorschriften der Mitgliedstaaten den freien Verkehr von personenbezogenen Daten sowie von elektronischen Kommunikationsgeräten und -diensten zu ermöglichen.[58] Als RL ist sie für alle Mitgliedstaaten der EU verbindlich, bedarf jedoch zur Anwendbarkeit der nationalen Umsetzung. Entgegen einer Vollharmonisierung entstand dadurch in der Folge eine Vielzahl an verschiedenen nationalen Umsetzungsgesetzen innerhalb der EU. In Österreich wurde die ePrivacy-RL durch das TKG 2021 einfachgesetzlich umgesetzt (siehe unten).

Der sachliche Anwendungsbereich der ePrivacy-RL erstreckt sich gem Art 3 ePrivacy-RL auf die »Verarbeitung personenbezogener Daten in Verbindung mit der Bereitstellung öffentlich zugänglicher elektronischer Kommunikationsdienste in öffentlichen Kommunikationsnetzen der [EU], einschließlich öffentlicher Kommunikationsnetze, die Datenerfassungs- und Identifizierungsgeräte unterstützen«.[59]

Als »elektronisches Kommunikationsnetz« definiert Art 2 lit a Rahmen-RL 2002/21/EG[60] jene Übertragungssysteme oder Vermittlungseinrichtungen, die die Übertragung von Signalen über jedwede Form ermöglichen. Unabhängig von der Art der Information zählen dazu neben der Kabel- und Funk-Übertragung etwa auch Satellitennetze, feste und mobile Netze oder solche für Hör- und Fernsehfunk.[61] »Öffentlich« ist dieses Kommunikationsnetz gem Art 2 lit d Rahmen-RL 2002/21/EG dann, wenn es ganz oder teilweise zur Bereitstellung öffentlich zugänglicher Kommunikationsdienste dient.

Als »Nutzer« bestimmt Art 2 lit a ePrivacy-RL jene natürliche Person, die einen öffentlich zugänglichen elektronischen Kommunikationsdienst für private oder geschäftliche Zwecke nutzt, ohne diesen Dienst notwendigerweise abonniert zu haben. »Teilnehmer« ist gem Art 2 lit k Rahmen-RL 2002/21/EG jene natürliche oder juristische Person, die mit einem Anbieter öffentlich zugänglicher elektronischer Kommuni-

58 Art 1 Abs 1 ePrivacy-RL.

59 Art 3 ePrivacy-RL.

60 Richtlinie 2002/21/EG des europäischen Parlaments und des Rates vom 7. März 2002 über einen gemeinsamen Rechtsrahmen für elektronische Kommunikationsnetze und -dienste (Rahmenrichtlinie), ABl L 2002/108, 33.

61 Art 2 lit a Rahmen-RL 2002/21/EG.

kationsdienste einen Vertrag über die Bereitstellung derartiger Dienste geschlossen hat.

Zusammengefasst muss für die Anwendung der ePrivacy-RL (a) ein elektronischer Kommunikationsdienst vorliegen, (b) der über ein elektronisches Kommunikationsnetz angeboten wird, (c) sowohl der Dienst als auch das Netz öffentlich zugänglich sein und (d) letztlich in der EU angeboten werden.[62]

Beispielsweise ist die Übertragung von Standortdaten über ein unternehmensinternes Intranet mangels öffentlicher Zugänglichkeit des elektronischen Kommunikationsdienstes vom sachlichen Anwendungsbereich der ePrivacy-RL nicht erfasst.[63]

2.5.1 Erweiterter sachlicher Anwendungsbereich der ePrivacy-RL

Eine Erweiterung des sachlichen Anwendungsbereiches ergibt sich laut EDSA für die Bestimmungen zur Vertraulichkeit der Kommunikation in Art 5 Abs 3 und für jene betreffend unerbetener Nachrichten in Art 13 ePrivacy-RL aufgrund der Zielsetzung der ePrivacy-RL, den »gleichwertigen Schutz der Grundrechte und Grundfreiheiten, insbesondere des Rechts auf Privatsphäre und Vertraulichkeit, in Bezug auf die Verarbeitung personenbezogener Daten im Bereich der elektronischen Kommunikation [...] zu gewährleisten«. Diese Bestimmungen gelten nämlich auch für Anbieter elektronischer Kommunikationsdienste, für Betreiber von Webseiten oder für andere Unternehmen.[64]

Gem Art 5 Abs 3 ePrivacy-RL stellen Mitgliedstaaten sicher, »dass die Speicherung von Informationen oder der Zugriff auf Informationen, die bereits im Endgerät eines Teilnehmers oder Nutzers gespeichert sind, nur gestattet ist, wenn der betreffende Teilnehmer oder Nutzer auf der Grundlage von klaren und umfassenden Informationen, die er gemäß [DSGVO] ua über die Zwecke der Verarbeitung erhält, seine Einwilligung gegeben hat. Dies steht einer technischen Speicherung oder dem Zugang nicht entgegen, wenn der alleinige Zweck die Durchführung der Übertragung einer Nachricht über ein elektronisches Kommunikationsnetz ist oder wenn dies unbedingt erforderlich ist, damit der An-

62 EDSA, Stellungnahme 5/2019, 10.

63 Ebd.

64 EDSA, Stellungnahme 5/2019, 11.

bieter eines Dienstes der Informationsgesellschaft, der vom Teilnehmer oder Nutzer ausdrücklich gewünscht wurde, diesen Dienst zur Verfügung stellt.«

Bereits in ihrer Stellungnahme zur Werbung auf Basis von Behavioural Targeting aus dem Jahr 2010 geht die Art-29-Datenschutzgruppe auf den besonderen Anwendungsbereich von Art 5 Abs 3 ePrivacy-RL ein. Aufgrund der Tatsache, dass diese Bestimmung expressis verbis auf »Informationen« abstellt, sei für sie nicht erforderlich, dass es sich bei den Informationen um personenbezogene Daten im Sinne der DSGVO handelt. Dies leite sich auch eindeutig aus ErwGr 24 ePrivacy-RL ab, wonach »Endgeräte von Nutzern [...] und in diesen Geräten gespeicherte Informationen Teil der Privatsphäre der Nutzer [sind], die dem Schutz der EMRK unterliegen«.[65] Aufgrund der Technologieneutralität von Art 5 Abs 3 ePrivacy-RL ist diese Bestimmung nicht nur auf elektronische Kommunikationsdienste, sondern auch auf andere Dienste, in denen diese Techniken verwendet werden, anwendbar.[66] Auch nach der RL über den europäischen Kodex für die elektronische Kommunikation soll die ePrivacy-RL für Dienste, die elektronischen Kommunikationsdiensten in der Funktionsweise gleichwertig sind, anwendbar sein.[67]

Art 13 Abs 1 ePrivacy-RL enthält das Verbot, für Zwecke der Direktwerbung automatische Anruf- und Kommunikationssysteme ohne menschlichen Eingriff (automatische Anrufmaschinen), Faxgeräte oder elektronische Post zu verwenden, sofern Nutzer oder Teilnehmer dafür nicht ihre vorherige Einwilligung erteilt haben. Davon ausgenommen ist die Direktwerbung im Zusammenhang mit dem Verkauf eines Produkts oder einer Dienstleistung, wenn der Anbieter die elektronischen Kontaktinformationen für elektronische Post bereits erhalten hat und es sich um ein ähnliches Produkt oder um eine ähnliche Dienstleistung handelt und der Nutzer oder Teilnehmer gegen weitere Zusendungen eine Opt-out-Möglichkeit angeboten bekommt.[68]

---

65 Art-29-Datenschutzgruppe, Stellungnahme 2/2010 zur Werbung auf Basis von Behavioural Targeting (2010) 10.

66 Art-29-Datenschutzgruppe, Stellungnahme 2/2010, 11.

67 Richtlinie (EU) 2018/1972 des Europäischen Parlaments und des Rates vom 11. Dezember 2018 über den europäischen Kodex für die elektronische Kommunikation, ABl 2018/321, 36; EDSA, Stellungnahme 5/2019 (2019) 11.

68 Art 13 Abs 2 ePrivacy-RL.

An einigen Stellen nimmt die ePrivacy-RL – über den Umweg der in Art 94 Abs 2 DSGVO normierten Verweisregel – stark Bezug auf die DSGVO. So definiert sie zB die Datenminimierung als zu berücksichtigendes Ziel, wenn sie einerseits die Beschränkung der Verarbeitung personenbezogener Daten auf das erforderliche Mindestmaß und andererseits die Verwendung anonymer oder pseudonymer Daten einfordert.[69] Zudem soll die Bewertung der Datensicherheit unter Berücksichtigung der DSGVO erfolgen und die Einwilligung von NutzerInnen und TeilnehmerInnen ist gem Art 2 lit f ePrivacy-RL jener von betroffenen Personen im Sinne der DSGVO gleichgestellt.[70] Außerdem sei es bei der Anwendung der ePrivacy-RL »sinnvoll«, auf die Erfahrung der durch die Datenschutz-RL (nunmehr: DSGVO) eingesetzte Art-29-Datenschutzgruppe (nunmehr: EDSA) Rückgriff zu nehmen.[71]

Die Brücke zu Art 95 DSGVO schlägt ErwGr 10 ePrivacy-RL: DSGVO-Bestimmungen sind demnach subsidiär auf alle Fragen des Schutzes der Grundrechte und Grundfreiheiten anzuwenden, die von der ePrivacy-RL nicht spezifisch erfasst sind.[72] Nach Art 1 Abs 2 ePrivacy-RL stellen die Bestimmungen der ePrivacy-RL »eine Detaillierung und Ergänzung« zur DSGVO dar. Eine Detaillierung liegt in jenen Fällen vor, in denen die ePrivacy-RL im Vergleich zur DSGVO speziellere Regelungen vorsieht und daher lex specialis zur DSGVO ist. Dies ist beispielsweise bei Verarbeitungen im Zusammenhang mit Verkehrsdaten, dem Setzen und Auslesen von Cookies oder dem elektronischen Newsletter-Versand bzw Direktmarketing der Fall. Eine Ergänzung zur DSGVO stellt die ePrivacy-RL gem Art 1 Abs 2 iVm ErwGr 12 ePrivacy-RL insofern dar, als sie sich neben dem Schutz der Grundrechte und Grundfreiheiten von natürlichen Personen auch dem Schutz der berechtigten Interessen von juristischen Personen widmet. Dieser Aspekt ist nach österr Lesart und im Zusammenhang mit rein österr Sachverhalten mE zu relativieren, zumal der Schutzbereich der Verfassungsbestimmung des § 1 DSG ohnedies auch juristische Personen erfasst.[73]

---

69 ErwGr 9 ePrivacy-RL.

70 ErwGr 20 ePrivacy-RL.

71 ErwGr 48 ePrivacy-RL.

72 ErwGr 10 ePrivacy-RL.

73 *Jahnel/Pallwein-Prettner*, Datenschutzrecht, 35.

In der Rs *Wirtschaftsakademie*[74] hatte der EuGH im Wesentlichen zu beurteilen, ob ein Betreiber einer Facebook-Fanpage gemeinsam mit dem Unternehmen *Facebook* für die Einbindung von personenbezogenen Cookies auf einer solchen Fanpage haftet. Trotz – durch die Spezialität bedingten – Vorrangs der einschlägigen Bestimmungen der ePrivacy-RL im Zusammenhang mit dem Setzen von Cookies wandte der EuGH zur Beantwortung dieser Frage die Bestimmungen der Datenschutz-RL an. In der Rs *Fashion ID*[75] hatte der EuGH im Wesentlichen zu beurteilen, ob ein Webseitenbetreiber gemeinsam mit *Facebook* für personenbezogene Daten, die er über einen auf *Facebook* generierten und auf dessen Webseite eingepflegten »Gefällt mir«-Button verarbeitet und an *Facebook* übermittelt, verantwortlich ist. Für die Beantwortung der Vorlagefrage stützte sich der EuGH auf Bestimmungen der Datenschutz-RL und auf jene der ePrivacy-RL. In diesem Zusammenhang wies der Generalanwalt in seinen Schlussanträgen zur gleichen Rs eindeutig auf die Anwendbarkeit beider Vorschriften hin: Mit dem Platzieren von Cookies seien nämlich in dieser Rs nicht alle aufgeworfenen Fragen im Zusammenhang mit der Verarbeitung personenbezogener Daten zu beantworten.[76] Im Zuge der Erläuterung des Begriffs »Online-Kennung« führt ErwGr 30 DSGVO IP-Adressen und Cookie-Kennungen als Beispiele an und deutet damit auf Verarbeitungstätigkeiten hin, die »zumindest teilweise auch in den sachlichen Anwendungsbereich« der ePrivacy-RL fallen.[77]

2.6 Österr Umsetzung der ePrivacy-RL durch das TKG 2021

In Österreich werden die Bestimmungen der ePrivacy-RL durch das TKG 2021 in nationales Recht umgesetzt.[78] So findet sich etwa Art 5 Abs 3 ePrivacy-RL zum Setzen und Auslesen von Cookies in § 165 Abs 3 TKG 2021 und Art 13 ePrivacy-RL zum Verbot unerbetener Nachrichten in § 174 TKG 2021 wieder. Diese beiden Verarbeitungstätigkeiten werden im Folgenden als Beispiele für Sachverhalte, die sowohl in den sachli-

---

74 EuGH 24.10.2017, C-210/16 (Wirtschaftsakademie).
75 EuGH 29.07.2019, C-40/17 (Fashion ID).
76 GA 19.12.2018, C-40/17 (Fashion ID), Rz 114 f.
77 ErwGr 30 DSGVO; EDSA, Stellungnahme 5/2019, 12.
78 § 1 Abs 6 Z 5 TKG 2021.

chen Anwendungsbereich der DSGVO als auch in jenen der ePrivacy-RL bzw des TKG 2021 fallen, näher beleuchtet:

»Unerbetene Nachrichten« in Form von Anrufen samt Senden von Fernkopien zu Werbezwecken oder das Zusenden einer elektronischen Post zu Zwecken der Direktwerbung ist gem § 174 Abs 1 bzw Abs 3 TKG 2021 ohne vorherige Einwilligung des Nutzers bzw Empfängers unzulässig. Eine vorherige Einwilligung kann nach § 174 Abs 4 TKG 2021 unterbleiben, wenn der Anbieter die Kontaktinformation für die Nachricht im Zusammenhang mit dem Verkauf oder einer Dienstleistung an seine Kunden erhalten hat (Z 1), diese Nachricht für eigene ähnliche Produkte oder Dienstleistungen erfolgt (Z 2), der Empfänger bei der ersten Erhebung und bei jeder weiteren Werbe-E-Mail klar und deutlich die Möglichkeit zum kostenfreien und problemlosen Ablehnen bzw zum Opt-out hat (Z 3), und der Empfänger die Zusendung nicht von vornherein abgelehnt hat (Z 4). Diese Voraussetzungen sind nach dem Gesetzeswortlaut und der Rsp des VwGH zufolge kumulativ zu verstehen.[79] Wie weit die in Z 2 geforderte Ähnlichkeit der eigenen Produkte oder Dienstleistungen geht, bleibt mangels Legaldefinition vage und stellt daher *Illibauer* zufolge einen rechtlichen »Graubereich« dar.[80]

Die Verarbeitung von personenbezogenen Daten zum Zweck der Direktwerbung kann nach ErwGr 47 DSGVO als eine einem berechtigten Interesse dienende Verarbeitung angesehen werden. Daher komme als Rechtsgrundlage Art 6 Abs 1 lit f DSGVO in Betracht. Da jedoch § 174 TKG 2021 für »unerbetene Nachrichten« die speziellere Bestimmung darstellt, kommt diese als lex specialis zur Anwendung. Gleichzeitig steht Betroffenen nach Art 21 DSGVO das Recht zu, der Verarbeitung ihrer personenbezogenen Daten zu widersprechen. Zudem richtet sich die von der ePrivacy-RL bzw vom TKG 2021 geforderte Einwilligung nach den diesbezüglichen Bestimmungen in der DSGVO (siehe unten). In ihrer Entscheidung vom 31. Oktober 2018 bestätigt die österr DSB, dass sich die Prüfung der Zulässigkeit eines Anrufs zu Werbezwecken nicht nach Art 6 DSGVO, sondern nach der einschlägigen TKG-Bestimmung richtet. Ein Verstoß gegen das TKG könne jedoch sehr wohl gleichzeitig eine Verletzung des Rechts auf Geheimhaltung nach § 1 Abs 1 DSG sowie jener Bestimmungen der DSGVO sein, die dem Verantwortlichen gera-

79 *Illibauer* in Knyrim, Praxishandbuch Datenschutzrecht, 530.
80 *Illibauer* in Knyrim, Praxishandbuch Datenschutzrecht, 528.

de keine zusätzlichen Pflichten iSv Art 95 DSGVO auferlegen.[81]

Für Maßnahmen der Offline-Werbung zB im Rahmen von postalischen Werbebriefen greifen mangels Anwendbarkeit der ePrivacy-RL bzw des TKG 2021 subsidiär die Bestimmungen der DSGVO.

Eine einschlägige Regelung zu Cookies und ähnlichen Technologien findet sich in § 165 Abs 3 TKG 2021. Anders als Art 5 Abs 3 ePrivacy-RL stellt die nationale Norm ausschließlich auf personenbezogene Daten ab. Betreiber öffentlicher Kommunikationsdienste und Anbieter eines Dienstes der Informationsgesellschaft sind demnach verpflichtet, NutzerInnen oder BenutzerInnen darüber zu informieren, welche personenbezogenen Daten für welche Zwecke und auf welcher Rechtsgrundlage von ihnen verarbeitet werden und wie lange diese Daten gespeichert werden. Eine Ermittlung dieser Daten ist nur zulässig, wenn NutzerInnen oder BenutzerInnen ihre Einwilligung dazu aktiv und auf Grundlage von klaren und umfassenden Informationen erteilt haben. Ausgenommen von einer solchen Einwilligung ist eine technische Speicherung oder der Zugang, wenn der alleinige Zweck die Durchführung der Übertragung einer Nachricht über ein Kommunikationsnetz ist oder wenn dies unbedingt erforderlich ist, damit der Anbieter eines Dienstes der Informationsgesellschaft, der von NutzerInnen oder BenutzerInnen ausdrücklich gewünscht wurde, diesen Dienst zur Verfügung stellen kann.[82]

Wie oben festgestellt, ist der sachliche Anwendungsbereich von Art 5 Abs 3 ePrivacy-RL im Vergleich zu anderen Bestimmungen der ePrivacy-RL insofern erweitert, als diese Norm nicht bloß für Betreiber öffentlicher Kommunikationsdienste gilt und nicht ausschließlich auf personenbezogene Daten abstellt. Zum einen legt dies die Verwendung des breit zu verstehenden Begriffs »Informationen« im Normtext der ePrivacy-RL nahe und zum anderen fußt diese Auffassung auf einschlägigen Stellungnahmen der Art-29-Datenschutzgruppe bzw des EDSA (siehe oben).[83] In der nationalen Umsetzung der einschlägigen Norm der ePrivacy-RL werden neben Betreiber öffentlicher Kommunikationsnetze RL-konform zwar auch »Anbieter von Diensten der Informati-

81 DSB-D123.076/0003-DSB/2018 vom 31.10.2018.

82 § 165 Abs 3 TKG 2021.

83 Art-29-Datenschutzgruppe, Stellungnahme 2/2010) 10; EDSA, Stellungnahme 5/2019, 11.

onsgesellschaft« adressiert, jedoch stellt § 165 Abs 3 TKG 2021 nicht auf »Informationen«, sondern lediglich auf personenbezogene Daten ab.

In der Rechtswissenschaft gibt es eine Diskussion darüber, wie diese nationale Umsetzung rechtlich einzuordnen ist. *Holländer* zufolge führe bereits eine »leicht überschießende Regelung« dazu, dass die nationale Umsetzungsnorm mangels *zusätzlicher* Pflichten iSd Kollisionskriteriums in Art 95 DSGVO die Rechtsqualität als lex specialis verliere, sodass für diesen Bereich wiederum die DSGVO Anwendungsvorrang genieße.[84] Dem entgegnen *Geuer/Reinisch*, dass eine Unterschiedlichkeit in der jeweiligen nationalen Umsetzung geradezu Merkmal einer fehlenden Vollharmonisierung sei. Solange eine nationale Umsetzung innerhalb von Art 5 Abs 3 ePrivacy erfolgt, gelte sie als Umsetzung der ePrivacy-RL.[85] *Messner/Mosing* zufolge sei die nationale Umsetzung »eindeutig europarechtswidrig«, zumal sie ausschließlich auf *personenbezogene Daten* und nicht auf *Informationen* abstellt.[86] Eine RL-konforme Interpretation von § 165 Abs 3 TKG 2021 im Sinne einer Anwendungsausweitung auch auf nicht-personenbezogene Daten sei jedoch verfassungswidrig. Zudem scheide eine unmittelbare Anwendung von Art 5 Abs 3 ePrivacy-RL aus, zumal die ePrivacy-RL durch das TKG 2021 umgesetzt wurde und ein direktes Abstellen auf die RL zulasten der Normunterworfenen wäre.[87] Daraus folgt, dass es in Österreich eine Regelung für personenbezogene Cookies und einen »nicht geregelten Bereich« für nicht-personenbezogene bzw anonyme Cookies gibt.[88]

Aus Sicht des Autors ist die nationale Umsetzung der in Diskussion stehenden Norm legistisch unverständlich. Nach längerer Recherche der Gesetzesmaterialien erschließt sich dem Autor nämlich weder der Grund, warum der österr Gesetzgeber im Zuge der ersten nationalen Umsetzung der ePrivacy-RL in Gestalt des TKG 2003[89] den Anwen-

---

84 *Holländer* in Wolff/Brink (Hrsg), Beck'scher Online-Kommentar Datenschutzrecht[19] Art 95 Rz 5 (2017).

85 *Geuer/Reinisch*, Direktwerbung und Cookies im Spannungsfeld des TKG und der DSGVO, MR 2018/3, 124 f.

86 *Messner/Mosing*, BGH hat zu (auch nicht-personenbezogenen) Cookies entschieden – Relevanz auch in Österreich?!, Dako 4/2020, 88.

87 *Messner/Mosing*, Dako 4/2020, 88 f.

88 *Messner/Mosing*, Dako 4/2020, 89.

89 Bundesgesetz, mit dem ein Telekommunikationsgesetz erlassen wird (Telekommunikationsgesetz 2003 – TKG 2003), BGBl. I 70/2003.

dungsbereich von »Informationen« auf »personenbezogene Daten« verengt hat, noch warum er diese Umsetzungsdiskrepanz im Zuge der rezenten Novellierung durch das TKG 2021 nicht »repariert« hat.

Für die Praxis ist die Frage nach der Rechtsqualität der nationalen Umsetzung von Art 5 Abs 3 ePrivacy-RL von untergeordneter Relevanz, obschon die Diskussion mE eine lohnende akademische Argumentationsübung ist. Denn solange § 165 Abs 3 TKG 2021 nicht vom VfGH als verfassungswidrig aufgehoben wurde, ist diese Bestimmung als geltende Norm anzuwenden.[90]

Bei der Frage nach der anzuwendenden Norm im Zusammenhang mit Cookies und ähnlichen Technologien sind zwei Sphären zu unterscheiden, nämlich einerseits das Setzen bzw Speichern von Cookies oder ähnlichen Technologien auf einer Webseite inklusive des Ermittelns und Auslesens von und Zugriffs auf diese Daten und andererseits das anschließende Verarbeiten dieser personenbezogenen Daten. Während im ersten Fall aufgrund ihres lex-specialis-Charakters § 165 Abs 3 TKG 2021 die einschlägige Norm ist, wird die anschließende Verarbeitung der durch Cookies oder ähnliche Technologien erhobenen Daten, sofern sie personenbezogen sind, nach der DSGVO zu beurteilen sein. Diese Einschätzung wird durch die österr DSB in ihrem Bescheid vom 31. Oktober 2018 bekräftigt: Die Beurteilung der Rechtmäßigkeit im Zusammenhang mit dem Ermitteln von Daten in Form des Einsatzes von Cookies zum Zweck des Werbetrackings richte sich nach der nationalen Umsetzungsbestimmung der ePrivacy-RL, die als lex specialis den Erlaubnistatbeständen des Art 6 DSGVO vorgeht.[91] Gleichzeitig ist die von § 165 Abs 3 TKG 2021 geforderte informierte Einwilligung im Lichte von

90 Siehe dazu zB VfGH 28.06.2017, V4/2017: Darin beschreibt der VfGH den Grundgedanken, dass er als einzige Instanz über die Rechtmäßigkeit auf Grund der österr Verfassung erzeugter genereller, allgemein verbindlicher Normen zu entscheiden hat. Damit werde ein – die österr Verfassungsordnung geradezu prägendes – Element der Rechtssicherheit etabliert: Für niemanden soll die Verbindlichkeit solcher generellen Normen in Frage stehen, solange deren Rechtswidrigkeit nicht in einem förmlichen Verfahren durch den VfGH festgestellt werde; das Ergebnis dieser Prüfung werde in gleicher Weise wie die als rechtswidrig befundene generelle Norm kundgemacht.

91 DSB-D122.931/0003-DSB/2018 vom 30.11.2018.

Art 7 DSGVO zu beurteilen.[92]

Hinsichtlich der Erfüllung der Informationspflicht ist wiederum auf die zwei Sphären abzustellen: Für das Setzen und Auslesen von Cookies ergibt sich die Informationspflicht gegenüber WebseitenbesucherInnen (im Wording des TKG 2021 als »Nutzer oder Benutzer«, in jenem der ePrivacy-RL als »Teilnehmer oder Nutzer« bezeichnet) aus Art 5 Abs 3 ePrivacy-RL – und zwar unabhängig davon, ob es sich dabei um personenbezogene oder nicht-personenbezogene Daten handelt.[93] Werden daran anschließend personenbezogene Daten verarbeitet, sind vom Verantwortlichen gegenüber den betroffenen Personen zusätzlich die Informationspflichten nach Art 12 f DSGVO zu erfüllen.[94]

2.7 Behördenzuständigkeit, Rechtsschutz und Sanktionen

Für die Durchsetzung und einheitliche Überwachung der DSGVO sind in den Mitgliedstaaten der EU gem Art 51 ff DSGVO unabhängige Datenschutzbehörden zuständig. Ihre Unabhängigkeit wird zudem grundrechtlich durch Art 8 Abs 3 GRC abgesichert.[95] Ihre Aufgaben ergeben sich aus Art 57 f DSGVO und bestehen im Wesentlichen in der Überwachung und Durchsetzung von Anwendungen der DSGVO sowie Sensibilisierung für Risiken, Vorschriften, Garantien und Rechte im Zusammenhang mit der Verarbeitung personenbezogener Daten. Betroffene Personen haben das Recht auf Beschwerde bei einer Aufsichtsbehörde, wenn sie der Ansicht sind, dass eine sie betreffende Verarbeitung personenbezogener Daten einen DSGVO-Verstoß darstellt.[96]

Für die Durchsetzung der ePrivacy-RL sind gem Art 3 Abs 1 Rahmen-RL 2002/21/EG nationale Regulierungsbehörden zuständig. Die Rahmen-RL 2002/21/EG definiert diese als »eine oder mehrere Stellen, die von einem Mitgliedstaat mit einer der in dieser RL und den Einzelrichtlinien festgelegten Regulierungsaufgaben beauftragt werden«.[97] Art 15a Abs 2 ePrivacy-RL hält dazu ausdrücklich fest, dass Mitgliedstaa-

---

92 Art 2 lit f ePrivacy-RL.

93 EuGH 01.10.2019, C-673/17, Rz 69.

94 DSB, FAQ zum Thema Cookies und Datenschutz, Stand 25.05.2022.

95 Charta der Europäischen Union, ABl C 2012/326, 391; ErwGr 129 DSGVO.

96 Art 77 DSGVO.

97 Art 2 lit g Rahmen RL 2002/21/EG.

ten zur Durchsetzung der Bestimmungen aus der ePrivacy-RL mehr als nur eine nationale Stelle einrichten können, wenn darin auf »die zuständige nationale Behörde und gegebenenfalls andere nationale Stellen« abgestellt wird. In der gleichen Norm der ePrivacy-RL findet sich ein mE gewichtiger Verweis auf die Datenschutz-RL – und nunmehr auf die DSGVO. Bestimmungen über Rechtsbehelfe, Haftung und Sanktionen sollen demnach im Hinblick auf die nationalen Umsetzungsgesetze der ePrivacy-RL sowie auf die aus der ePrivacy-RL entspringenden individuellen Rechte gelten.[98]

Vor dem Hintergrund von Verarbeitungstätigkeiten, die sowohl in den Anwendungsbereich der DSGVO als auch in jenen der ePrivacy-RL fallen (siehe dazu oben in 2.6.), hält der EDSA fest, dass die Zuständigkeiten von Datenschutzbehörden nicht dadurch eingeschränkt werden, dass ein Teilbereich der Verarbeitungen auch in den Anwendungsbereich der ePrivacy-RL fällt.[99] Zudem können festgestellte Verletzungen von Normen der ePrivacy-RL durch Datenschutzbehörden im Zuge der Beurteilung der Einhaltung der Rechtmäßigkeit berücksichtigt werden.[100]

In Österreich sind für die Durchsetzung von Verstößen gegen das TKG 2021 die Fernmeldebehörden, konkret zum einen gem § 191 TKG 2021 das Bundesministerium für Landwirtschaft, Regionen und Tourismus und zum anderen das ihr unterstehende Fernmeldebüro, zuständig.

Am Beispiel Cookies und ähnlicher Technologien lässt sich die Behördenzuständigkeit in Österreich wie folgt darstellen: Für das Setzen von Cookies ist die entsprechende Norm der ePrivacy-RL anzuwenden, die in diesem Fall der DSGVO als lex specialis vorgeht. Daher fällt diese Verarbeitungstätigkeit in die Zuständigkeit des Fernmeldebüros. Werden im Anschluss an einen Einsatz von Cookies zudem personenbezogene Daten von WebseitenbesucherInnen verarbeitet, kann dies die Zuständigkeit der österr DSB begründen.[101]

Laut seiner Webseite[102] ist das Fernmeldebüro eine nachgeordnete Dienststelle im Bundesministerium für Finanzen, was insofern über-

98 Art 15a Abs 2 ePrivacy-RL.
99 EDSA, Stellungnahme 5/2019, 22.
100 EDSA, Stellungnahme 5/2019, 24.
101 DSB, FAQ-Cookies und Datenschutz, Frage 2.
102 <fb.gv.at> (07.09.2022).

rascht, als für den Vollzug des TKG 2021 das Bundesministerium für Landwirtschaft, Regionen und Tourismus zuständig ist und das Fernmeldebüro daher ex lege dem letztgenannten Ministerium unterstellt ist.[103] Ob der politische Grund dafür etwa darin liegt, dass die Digitalisierungsagenden nach dem Rücktritt von *Elisabeth Köstinger* als Bundesministerin für Landwirtschaft, Regionen und Tourismus am 18. Mai 2022 an den mit 11. Mai 2022 eingesetzten und dem Bundesministerium für Finanzen zugeordneten Staatssekretär für Digitalisierung und Breitband *Florian Tursky*[104] zugeteilt wurden bzw diese an das Bundesministerium für Finanzen »zurück[ge]kehr[t]« sind,[105] stellt der Autor zur Diskussion.

Zudem ist festzustellen, dass laut Organigramm-Grafik der Webseite des Fernmeldebüros die »Abteilung Recht« innerhalb des Fernmeldebüros ua die Vollziehung des TKG 2021 verantwortet. In der ausformulierten Beschreibung unter der Registerkarte »Fernmeldebüro Information« findet sich im Zusammenhang mit dem TKG 2021 lediglich der Hinweis, dass das Fernmeldebüro die verwaltungsrechtlichen Strafverfahren im Rahmen von unerbetenen Nachrichten durchführt.[106] Der Umstand, dass auf der Webseite des Fernmeldebüros der Begriff »Cookie« unerwähnt bleibt, überrascht hingegen nicht. Dies deswegen nicht, da in der österr Umsetzung von Art 5 Abs 3 ePrivacy-RL der Begriff »Informationen« auf »personenbezogene Daten« eingeengt wurde. Diesbezüglich ist der ernüchternden Analyse von *Messner/Mosing* zuzustimmen, wonach der Einsatz von nicht-personenbezogenen bzw anonymen Cookies in Österreich derzeit de facto nicht geregelt ist (siehe oben).[107]

Bezugnehmend auf die jeweiligen Sanktionen ist der Unterschied zwischen TKG 2021 und DSGVO beträchtlich. Wer beispielsweise Nutzer oder Benutzer entgegen der in § 165 Abs 3 TKG 2021 enthaltenen Verpflichtung nicht über den Einsatz von Cookies oder ähnlichen Technologien informiert oder wer entgegen § 174 Abs 3 und 5 TKG 2021 elektronische Post zusendet, begeht eine Verwaltungsübertretung, die im

---

103 § 191 TKG 2021.

104 <parlament.gv.at/WWER/PAD_21407/index.shtml#> (07.09.2022).

105 <bmf.gv.at/presse/pressemeldungen/2022/mai/brunner-tursky.html> (07.09.2022).

106 <fb.gv.at/Organisation/fernmeldebuero.html> (07.09.2022).

107 *Messner/Mosing*, Dako 4/2020, 89.

ersten Fall nach § 188 Abs 4 Z 24 TKG 2021 und im zweiten Fall nach § 188 Abs 4 Z 28 TKG 2021 mit einer Geldstrafe von bis zu EUR 50.000 oder im Falle ihrer Uneinbringlichkeit mit Freiheitsstrafe bis zu sechs Wochen bedroht ist.

Dementgegen muss man bei Verstößen gegen die in den Art 8, 11, 25 bis 39, 42 und 43 DSGVO normierten Pflichten der Verantwortlichen und der Auftragsverarbeiter gem Art 83 Abs 4 DSGVO mit Geldbußen von bis zu EUR 10 Mio oder im Fall eines Unternehmens von bis zu 2 % seines gesamten weltweit erzielten Jahresumsatzes des vorangegangenen Geschäftsjahres rechnen – je nachdem, welcher der Beträge höher ist. Geldbußen von bis zu EUR 20 Mio oder im Fall eines Unternehmens von bis zu 4 % seines gesamten weltweit erzielten Jahresumsatzes des vorangegangenen Geschäftsjahres – je nachdem, welcher der Beträge höher ist, werden bei groben DSGVO-Verstößen verhängt, so etwa bei einer Verletzung der Grundsätze für die Verarbeitung oder der Bedingungen für die Einwilligung gem Art 5, 6, 7 und 9 DSGVO oder bei Verletzungen der Betroffenenrechte gem Art 12 bis 22 DSGVO.

3. Cookies und ähnliche Technologien

Der Begriff »Cookie(s)« fungiert im technischen und rechtlichen Kontext oftmals als Überbegriff für unterschiedliche Technologien. So können Cookies kleine Textdateien oder Informationsstücke sein, die beispielsweise ein Webseitenanbieter auf dem Endgerät einer Nutzerin seiner Webseite speichert. Besucht diese Nutzerin dieselbe Webseite zu einem späteren Zeitpunkt erneut, kann er die bei ihrem letzten Webseitenaufruf gesetzten Cookies abrufen. Auf diese Weise wird die Navigation im Internet etwa über gespeicherte Sprach-, Auflösungs- oder Farbeinstellungen oder die Durchführung von Transaktionen erleichtert, zB wenn beim Online-Shopping die ausgewählten Produkte im Warenkorb so lange gespeichert werden, bis die Nutzerin sich zu deren Kauf entschieden hat oder wenn im Zuge des darauffolgenden Online-Bezahlvorgangs die Webseite des Bankinstituts mit jener der Verkaufs-Webseite kommuniziert. Cookies können zudem eingesetzt werden, um Informationen über das Surfverhalten der Nutzerin zu erhalten. Damit ist es für Webseitenanbieter in der Folge möglich, der Nutzerin gezielt auf ihre Interessen zugeschnittene bzw personalisierte Werbung anzuzeigen.[108]

3.1 Arten von Cookies

Je nach Ausgestaltung und Funktionsweisen lassen sich verschiedene Arten von Cookies unterscheiden: Nach ihrer Lebenszeit lassen sich Cookies einerseits in *persistente* bzw *permanente Cookies* und andererseits in *Sitzungs- bzw Session Cookies* einteilen. Erstere werden auf Dauer oder zumindest für längere Zeit im Browser der Nutzerin gespeichert, nämlich so lange, bis sie die Cookies aktiv löscht oder diese zu einem definierten Zeitpunkt ablaufen. Die Lebensdauer von Zweiteren ist auf die jeweilige Sitzung begrenzt. Daher werden diese beim

108 Siehe zB EuGH 01.10.2019, C-673/17, Rz 31; *Jahnel*, Rechtsgrundlagen, Cookies und Web-Logs, ecolex 2001/1, 84 ff; *Jahnel/Pallwein-Prettner*, Datenschutzrecht, 77.

Schließen des Browsers am Endgerät der Nutzerin automatisch wieder gelöscht.[109]

Je nachdem, wer die Cookies setzt, lassen sie sich in *Erstanbieter-* bzw *First Party-Cookies* oder *Drittanbieter-* bzw *Third Party-Cookies* (auch als *Tracking-Cookies* bezeichnet) einteilen. Im ersten Fall werden die Cookies vom Webseitenanbieter implementiert bzw durch den für die Webseite verantwortlichen Webserver selbst gesetzt. Diese Cookies werden nicht domainübergreifend ausgespielt. Der Anbieter der Webseite B kann daher nicht jene Daten der Nutzerin auslesen, die der Anbieter der Webseite A über sie mithilfe von auf seiner Webseite gesetzten (First Party-)Cookies erhoben hat. Demgegenüber werden Third Party-Cookies nicht vom Webseitenanbieter selbst, sondern von Dritten, zB in Gestalt eines Werbeanalysedienstes, gesetzt. Diese Cookies sind serverübergreifend auslesbar, dh beschränken sich nicht auf den Webserver eines einzelnen Webseitenbetreibers.[110] Beauftragt der Webseitenbetreiber K beispielsweise den Werbeanalysedienst M damit, auf den Endgeräten der NutzerInnen seiner Webseite Tracking-Cookies zu setzen, können die auf diese Weise ermittelten Daten der NutzerInnen nicht nur von K selbst, sondern zudem von all jenen Webseitenanbietern ausgelesen werden, die am gleichen von M bedienten Werbenetzwerk wie K partizipieren.

Eine technische Einteilung von Cookies kann auch in *HTTP-Header-Cookies* oder *Web-Cookies* erfolgen, die an den Webserver gebunden sind. Im ersten Fall werden vom Webserver Cookies auf dem Endgerät der Nutzerin gespeichert. Indem die Nutzerin durch ihren Besuch einer Webseite nämlich auf den Webserver zugreift, wird in die Antwort des Servers neben anderen HTTP-Kopfzeilen zusätzlich eine Cookie-Zeile übertragen. Im zweiten Fall werden Cookies unter Zuhilfenahme einer Programmiersprache, wie zB JavaScript, erzeugt und sind in der vom Server übermittelten Webseite eingebunden oder werden dort referenziert. Besucht nun eine Nutzerin eine Webseite, auf der ein solcher Code eingebunden ist, wird sie wiedererkannt und ihre IP-Adresse mit

---

109 *Aichinger*, Der lange Weg zur aktiv erteilten Einwilligung bei Cookies im Lichte der informationellen Selbstbestimmung. Zugleich eine Anmerkung zu EuGH C-673/17, ZTR 2020/1, 43.

110 Siehe zB *Aichinger*, ZTR 2020/1, 43; *Illibauer* in Knyrim, Praxishandbuch Datenschutzrecht, 528;

dem auf der Webseite gespeicherten Code verknüpft.[111]

Ein Beispiel für den Einsatz von Web-Cookies sind Einkaufswagen bzw Warenkörbe auf Webseiten. Besucht der Autor zB eine Webseite eines Lebensmittelhändlers und möchte auf dieser Gemüse und Obst kaufen, könnte der Warenkorb der Webseite dem Autor nach erfolgter Auswahl der gewünschten Produkte folgenden Text anzeigen:

Hallo, Daniel Kurzmann
Sie haben 3 Artikel im Warenkorb.
- Gurken im Glas (500 ml)
- Birnen (2 kg)
- Kirschen im Glas (1000 ml)

Der angezeigte Text ist ein ausgelesenes Web-Cookie, das zB mit *JavaScript* programmiert wurde und dessen Code-Architektur wie in den grauen Boxen dargestellt werden kann (siehe Abbildungen 1 bis 3):[112]

```
// Datei: catalog.js
let catalog = {
  id22345: {
    name: 'Gurken im Glas (500 ml)',
    price: '2.50'
  },
  id23445: {
    name: 'Birnen (2 kg)',
    price: '4.50'
  },
  id74747: {
    name: 'Kirschen im Glas (1000 ml)',
    price: '2.50'
  }
}
```

Abbildung 1: Vom Autor gekürzte Darstellung von Ackermann (2020).

```
<!DOCTYPE html>
<html>
<head lang= "en">
  <meta charset= "UTF-8">
  <title>Einkaufswagen mit Cookies</title>
</head>
<body>
<div>Hallo, <span id="username"> </span></div>
<br>
<div id= "shopping cart"
  Sie haben <span id=shopping-cart-item-count">0</span> Artikel im Warenkorb
  <ul id="shopping-cart-items"></ul>
</div>
<script src="cookie-utils.js"></script>
<script src="catalog.js"></script>
<script src="shopping-cart.js"></script>
</body>
</html>
```

```
// Datei: shopping-cart.js
createCookie('username', 'Daniel Kurzmann', 7);
createCookie ('shoppingCartItemIDs', 'id22345, id23445, id74747', 7);

showUsername();
showShoppingCart();

let username = readCookie ('username');
document.getElementById ('username').textContent = username;

function showShoppingCart ()
}
function showShoppingCart() }
  let ids = readCookie ('shoppingCartItemIDs').split(',');
  let itemsElement = document.getElementById('shopping-cart-items');
  ids.forEach(function (id) {
    let item = catalog [id];
    let itemElement = document.createElement ('li');
    itemElement.appendChild(document.creatTextNode(item.name));
    itemsElement.appendChild(itemElement);
});
document.getElementById('shopping-cart-item-count').textContent = ids.length;
}
```

Abbildungen 2 und 3: Vom Autor gekürzte und modifizierte Darstellung von Ackermann (2020).

111 *Illibauer* in Knyrim, Praxishandbuch Datenschutzrecht, 536; <w3schools.com/js/js_cookies.asp> (07.09.2022); DSB, FAQ Cookies und Datenschutz, Frage 1.

112 Das Beispiel hat der Autor zu Veranschaulichungszwecken gekürzt und modifiziert und stammt von: *Ackermann*, JavaScript – das umfassende Handbuch[3] (2018, korrigierter Nachdruck 2020) 643 f.

Im Unterschied zu den oben dargestellten Cookies konnten an den *Adobe Flash-Player* gebundene sog *Flash-Cookies* oder *Local Shared Objects* Informationen von NutzerInnen unabhängig von deren verwendeten Browser und ohne Verfallsdatum auf deren Endgerät speichern. Im Unterschied zu den bisher erwähnten Arten von Cookies, die allesamt mit 4 KB begrenzt sind, konnten *Flash-Cookies* Informationen von NutzerInnen mit einer Maximalgröße von 100 KB speichern. Dabei war es ihnen möglich, andere Cookies zu kopieren und diese selbst dann wiederherzustellen, wenn sie von NutzerInnen aus dem Browser gelöscht wurden.[113] Mit 12. Jänner 2021 stellte *Adobe* den Flash-Player einerseits aus Sicherheitsgründen und andererseits mangels Konkurrenzfähigkeit mit offenen Standards wie zB HTML5 oder WebGL ein.[114]

Sind Cookies für das Funktionieren einer Webseite unerlässlich, gelten diese als *notwendige Cookies*, dienen sie im Unterschied nur der Messung und Verbesserung der Webseite, zB um Funktionen für das Nutzungserlebnis von WebseitenbesucherInnen zu optimieren, handelt es sich um *Performance- und Functionality-Cookies*, besteht ihr Einsatzzweck zB im Sammeln von Informationen über die Interaktivität von NutzerInnen mit Online-Angeboten und/oder in der Analyse von deren Interessen, spricht man von *Analyse- oder Werbe-Cookies*.[115]

Neben kleinen Textdateien können Cookies zudem aus Audio-Signalen bestehen. Begriffe für diese weitgehend unbekannte Art von Cookies sind *Audio-Tracking*, *Audio-Cookies* oder zB *Ultraschall-Beacons* bzw kurz: *uBeacons*.[116] Die Funktionsweise solcher Technologien kann – in einfachen Worten – wie folgt erklärt werden:

Über ein für die meisten Menschen nicht hörbares Ultraschallsignal versenden Webseiten- oder App-Anbieter, die Audio-Tracking einsetzen, Informationen an ein mit Mikrofon ausgestattetes Endgerät der NutzerInnen. Damit können Erstere für sie wertvolle Informationen über das Nutzungsverhalten von Zweiteren ableiten und ihnen personalisierte Werbung ausspielen. Schaut eine Nutzerin beispielsweise über ihren Smart-TV ein *YouTube*-Video an, könnten ihr zB über einen

---

113 *Illibauer* in Knyrim, Praxishandbuch Datenschutzrecht, 536; <de.wikipedia.org/wiki/Flash-Cookie> (07.09.2022).

114 <adobe.com/de/products/flashplayer/end-of-life.html> (07.09.2022).

115 Siehe zB Art-29-Datenschutzgruppe, Stellungnahme 2/2010, 6 f.

116 *Geuer/Reinisch*, ZIIR 2018/3, 274.

in diesem Video aufpoppenden Werbeclip Ultraschallsignale ausgesendet werden. Mithilfe des Mikrofons ihres Smartphones, das neben der Nutzerin auf der Couch liegt, empfängt eine darauf installierte App die Signale des Videos. Auf diese Weise können Informationen zB über die Programmauswahl, den Ort der Signalsendung, die Uhrzeit usw ausgelesen werden. Diese Technologie funktioniert auch crossmedial, dh mit diesen wird eine geräteübergreifende Analyse darüber möglich, welche Geräte die Nutzerin hat, wem diese zuzuordnen sind und schließlich mit welchen Personen sie interagiert. Ein weiteres Einsatzfeld für Audio-Tracking ist das Erfassen von Standorten von Personen im Zuge des sog »Location-Trackings«. Auf einfache Weise kann in diesem Zusammenhang nachvollzogen werden, welche KundInnen in welches Geschäft gehen und/oder wie lange sie sich dort aufhalten. Zudem ist damit die Erstellung eines generellen Bewegungsprofils der NutzerInnen über GPS möglich.[117] Wie *Geuer/Reinisch* mE treffend formulieren, kommt es mit solchen Technologien zu einer »für die betroffenen Personen unterbewussten De-Anonymisierung«, zumal NutzerInnen den Einsatz solcher Audio-Tracking-Methoden nicht wahrnehmen.[118]

3.2 Ähnliche Technologien

Neben Cookies werden auch ähnliche Technologien eingesetzt, um Informationen von NutzerInnen im Internet zu erheben. Aufgrund seiner Technologieneutralität ist der für Cookies einschlägige Art 5 Abs 3 ePrivacy-RL bzw seine österr Umsetzung mit § 165 Abs 3 TKG 2021 gleichermaßen auf ähnliche Technologien anzuwenden.[119] Zwei solcher Technologien sollen an dieser Stelle skizziert werden:

117 *Geuer/Reinisch*, ZIIR 2018/3, 274 f.

118 *Geuer/Reinisch*, ZIIR 2018/3, 276.

119 ErwGr 24 ePrivacy-RL; Art-29-Datenschutzgruppe, Stellungnahme 2/2010, 10; Art-29-Datenschutzgruppe, Stellungnahme 4/2012 zur Ausnahme von Cookies von der Einwilligungspflicht (2012) 2; Art-29-Datenschutzgruppe, Stellungnahme 9/2014 zur Anwendung der Richtlinie 2002/58/EG auf die Nutzung des virtuellen Fingerabdrucks (2014) 3; *Kunnert*, Digitale Interaktion mit (Potential-)Kunden (Teil 1), Dako 4/2021, 83.

Bei sog *Tracking-Pixel* bzw *Zählpixel, Web Bugs, Web Beacons* oder *Web-Wanzen* werden auf Webseiten oder in HTML-E-Mails kleine Grafiken eingebunden. Diese kleinen Bilddateien sind zumeist lediglich 1x1 Pixel groß und können derart transparent ausgestaltet sein, dass sie farblos oder in derselben Farbe des Textes, hinter den sie eingebunden sind, erscheinen. Die Pixel werden in der Regel nicht auf dem eigenen Webserver, sondern auf einem separaten Zählpixel-Server gespeichert. Sowohl der Pfad zum Pixel als auch die mit dem Pixel verbundene Code-Funktion werden in den Quelltext einer Webseite integriert. Diese werden bei jedem neuen Aufruf der Webseite zusätzlich zum Seiteninhalt mitgeladen, die Code-Funktion im Hintergrund ausgeführt und Informationen über das Nutzungsverhalten von NutzerInnen an den Server gesendet. Dies kann zudem zB um die Parameter Bildschirmauflösung, Browser-Typ, Betriebssystem oder Verweildauer etc erweitert werden und damit die an den Server gesendete Information zur anschließenden Auswertung und Analyse übermittelt werden.[120]

Dementgegen werden beim sog *Browser- oder Geräte-Fingerabdruck* bzw *Device-Fingerprinting* oder *virtuellem Fingerabdruck* dem Webserver beim Zugriff auf eine Webseite mehrere Datenelemente wie zB die Bildschirmauflösung, Software-Version des Webbrowsers, diverse Netzwerkeinstellungen, das verwendete Betriebssystem, die Sprachauswahl, installierte Browser-Plugins und Schriftarten usw übermittelt. Diese Datenelemente können das von BesucherInnen einer Webseite verwendete Endgerät beschreiben und stellen damit für diese einen Identifikator dar. Isoliert betrachtet, kann dabei wohl nicht von einer Eindeutigkeit eines solchen Identifikators ausgegangen werden, zumal es weltweit eine unbekannte Anzahl von Endgeräten gibt, denen der gleiche Identifikator zugeordnet ist. Zudem erfolgt beim Einsatz dieser Technologie keine separate Speicherung auf Endgeräten von NutzerInnen.[121] Aufgrund der Unabhängigkeit von Konfigurationsparametern eines herkömmlichen Desktop-PCs oder von bestimmten Protokollen ist diese ähnliche Technologie im Zusammenhang mit allen Anwendungen einsetzbar, die auf mit dem Internet vernetzten Geräten laufen wie zB

---

120 *Berg*, Web-Tracking im E-Commerce. Erfolgsmessung von Retargeting- und Prospecting-Maßnahmen mit Google und Facebook (2018) 67.

121 *Diemberger*, Zum Personenbezug der Verarbeitung von Identifikatoren zur Wiedererkennung von Benutzern im World Wide Web, jusIT 2018/85, Fn 11.

auf mobilen Geräten, Smart-TVs, Spielkonsolen, E-Readern, Internetradios, fahrzeuginternen Systemen usw.[122]

3.3 Anwendbare Normen

Wie oben diskutiert, ist bei der Frage, welche rechtliche Norm auf Cookies und ähnliche Technologien Anwendung findet, zu differenzieren: Werden Cookies oder ähnliche Technologien auf Webseiten gesetzt und ausgelesen bzw kommt es in diesem Zusammenhang zu einer technischen Speicherung oder zum Zugang von Daten auf Endgeräten, ist aufgrund ihres lex specialis-Charakters zur DSGVO die Norm des Art 5 Abs 3 ePrivacy-RL einschlägig. Da deren österr Umsetzung in Gestalt von § 165 Abs 3 TKG 2021 die unionsrechtliche Norm entgegen ihres eindeutigen Wortlautes von »Informationen« auf »personenbezogene Daten« einengt, ist § 165 Abs 3 TKG 2021 als lex specialis zur DSGVO nur in jenen Fällen anwendbar, in denen die mittels Cookies oder ähnlichen Technologien erhobenen Informationen personenbezogene Daten iSd Art 4 Z 1 DSGVO sind.

Werden im Anschluss an den Einsatz von Cookies oder ähnlichen Technologien personenbezogene Daten verarbeitet, sind dafür die Bestimmungen der DSGVO anzuwenden. So ist zB die Rechtsgrundlage dieser nachfolgenden Verarbeitung von personenbezogenen Daten auf einen oder mehrere in Art 6 bzw – im Falle von sensiblen Daten – in Art 9 DSGVO gelisteten Rechtmäßigkeitsgründe zu stützen.

3.4 Einwilligung und Informationspflicht

Personenbezogene Cookies oder ähnliche Technologien mit Personenbezug können rechtskonform gesetzt werden, wenn Nutzer oder Benutzer von öffentlichen Kommunikationsdiensten oder von Diensten der Informationsgesellschaft in den Einsatz solcher Technologien gem § 165 Abs 3 TKG 2021 aktiv und auf Grundlage von klaren und umfassenden Informationen eingewilligt haben. Obwohl Nutzer oder Benutzer im Bereich des TKG 2021 in die Nutzung der Technologie und betroffene Personen im Bereich der DSGVO in die Verarbeitung ihrer personenbezogenen Daten einwilligen, richtet sich die Einwilligung in beiden

122 Art-29-Datenschutzgruppe, Stellungnahme 9/2014, 4.

Bereichen nach den Erfordernissen von Art 7 iVm Art 4 Z 11 DSGVO.[123] Eine Einwilligung ist nach § 165 Abs 3 S 2 TKG 2021 nur in zwei Fällen nicht erforderlich, nämlich erstens, wenn die technische Speicherung oder der Zugang nur zum Zweck der Durchführung der Übertragung einer Nachricht über ein Kommunikationsnetz erfolgt, und zweitens, wenn dies für die Zurverfügungstellung des Dienstes der Informationsgesellschaft, der vom Nutzer oder Benutzer ausdrücklich gewünscht wurde, unbedingt erforderlich ist.

Als »Einwilligung der betroffenen Person« ist nach Art 4 Z 11 DSGVO jede Willenserklärung in Form einer Erklärung oder einer »sonstigen eindeutigen bestätigenden Handlung« zu verstehen, die freiwillig für den bestimmten Fall, in informierter Weise und unmissverständlich abgegeben wird.

Nach Art 7 Abs 2 DSGVO muss eine Einwilligung derart ausgestaltet sein, dass sie – wenn sie in schriftlicher Form erteilt wird – in »verständlicher und leicht zugänglicher Form in einer klaren und einfachen Sprache so erfolgt, dass es von den anderen Sachverhalten klar zu unterscheiden ist«. Zudem muss die Einwilligung von betroffenen Personen gem Art 7 Abs 3 DSGVO jederzeit widerrufen werden können und diese Widerrufsmöglichkeit sich dabei so einfach wie die Erteilung der Einwilligung darstellen. Bei der Beurteilung der Freiwilligkeit im Zusammenhang mit einer Einwilligung ist dabei gem Art 7 Abs 4 DSGVO zu berücksichtigen, ob ua die Erfüllung eines Vertrags bzw Erbringung einer Dienstleistung an das Vorliegen einer Einwilligung gekoppelt ist, obwohl diese Verarbeitung personenbezogener Daten tatsächlich nicht für die Erfüllung des Vertrags erforderlich wäre. Den Nachweis über die Einholung einer gültigen Einwilligung der betroffenen Person muss nach Art 7 Abs 1 DSGVO der Verantwortliche erbringen.

In seiner mE gewichtigen Entscheidung in der Rs *Planet 49* hatte der EuGH im Wesentlichen drei ihm vorgelegte Fragen verbindlich zu klären, nämlich, erstens, ob es für die Beurteilung der Einwilligung in den Einsatz von Cookies und ähnlichen Technologien auf einen Personenbezug ankommt oder nicht, zweitens, ob eine Einwilligung in die Verarbeitung von personenbezogenen Daten auch dann eine gül-

123 Siehe dazu Art 2 lit f ePrivacy-RL; EuGH 01.10.2019, C-673/17; ErlRV 1043 BlgNR XXVII. GP, 54; DSB-D122.931/0003-DSB/2018 vom 30.11.2018; *Geuer/Reinisch*, MR 2018/3, 124.

tige Einwilligung iSd Art 7 iVm Art 4 Z 11 DSGVO darstellt, wenn das Ankreuzkästchen bereits voreingestellt wurde, und drittens, welche Informationen Diensteanbieter im Zusammenhang mit dem Einsatz von Cookies oder ähnlichen Technologien erteilen müssen:[124]

Die *Planet 49 GmbH* veranstaltete auf einer Webseite ein Gewinnspiel zu Werbezwecken. Internet-NutzerInnen, die an diesem Gewinnspiel teilnehmen wollten, mussten in einem Online-Formular ihre Postleitzahl und ihren Namen eintragen. Über ein bereits voreingestelltes Ankreuzkästchen konnten sie in den Einsatz von Third Party-Cookies einwilligen, mithilfe derer nach ihrer Registrierung zum Gewinnspiel eine Auswertung ihres Surf- und Nutzungsverhaltens auf Webseiten von am Werbenetzwerk des Datenanalysedienstes beteiligten Werbepartnern interessengeleitet bzw personalisiert ermöglicht würde. Waren Gewinnspiel-TeilnehmerInnen damit nicht einverstanden, konnten sie das Kreuz im Kästchen ausklicken.[125]

Aufgrund des Umstandes, dass es im gegenständlichen Fall im Zusammenhang mit dem Setzen von Cookies zu einer Verarbeitung der Namen und Postleitzahlen von am Gewinnspiel teilnehmenden Personen in Kombination mit einer ihnen nach der Registrierung zugewiesenen zufallsgenerierten ID-Nummer kam, sind diese Personen laut EuGH identifizierbar, sodass personenbezogene Daten verarbeitet werden.[126]

Ein bereits voreingestelltes Ankreuzkästchen stellt laut EuGH weder nach Art 5 Abs 3 ePrivacy-RL noch nach Art 6 Abs 1 lit a DSGVO eine wirksame Einwilligung dar. Einerseits deute nämlich bereits die Entstehungsgeschichte von Art 5 Abs 3 ePrivacy-RL an, dass eine Einwilligung eines Nutzers nicht vermutet werden darf, sondern sich stets aus seinem aktiven Verhalten ergeben muss, und andererseits lasse der Wortlaut von Art 6 Abs 1 lit a DSGVO, wonach neben einer Einwilligungserklärung auch eine »sonstige bestätigende Handlung« der betroffenen Person erfolgen könne, nur die Auffassung zu, dass damit ausdrücklich auf eine aktive Einwilligung abgestellt werde. An dieser Stelle zitiert der EuGH den in ErwGr 32 DSGVO enthaltenen Hinweis, wonach die Einwilligung beim Webseitenbesuch auch durch Anklicken

124 EuGH 01.10.2019, C-673/17, Rz 37 f.
125 EuGH 01.10.2019, C-673/17, Rz 25 f.
126 EuGH 01.10.2019, C-673/17, Rz 45.

eines Kästchens zum Ausdruck kommen kann. Im Umkehrschluss stellen Stillschweigen, Untätigkeit oder ein bereits angekreuztes Kästchen keine wirksame Einwilligung dar.[127]

Für die Beurteilung der Einwilligung in den Einsatz von Cookies oder ähnlichen Technologien komme es dem EuGH zufolge nicht darauf an, ob die damit erhobenen Daten personenbezogen sind oder nicht. Denn Art 5 Abs 3 ePrivacy-RL stelle eindeutig auf die Speicherung und den Zugriff von »Informationen« ab.[128] Die unmissverständliche Rechtsauffassung des EuGH in dieser Frage ist mE fruchtbarer Nährboden für die Diskussion, ob die österr Umsetzung von Art 5 Abs 3 ePrivacy-RL unionsrechtswidrig ist.

Cookies oder ähnliche Technologien können nur dann rechtskonform eingesetzt werden, wenn NutzerInnen gem Art 5 Abs 3 ePrivacy-RL zuvor ihre Einwilligung auf Grundlage von klaren und umfassenden Informationen ua über die Zwecke der Verarbeitung gegeben haben (in diesem Punkt ist § 165 Abs 3 TKG 2021 gleichlautend). Dies bedeute laut EuGH, dass NutzerInnen in die Lage versetzt werden müssen, die mit ihrer Einwilligung einhergehenden Konsequenzen leicht zu bestimmen. Ihnen muss zudem aufgrund der klar verständlichen und detaillierten Information möglich sein, die Funktionsweise der verwendeten Cookies zu verstehen.[129] Zu den Informationen, die Diensteanbieter NutzerInnen in diesem Zusammenhang zur Verfügung stellen müssen, zählen in Auslegung von Art 5 Abs 3 ePrivacy-RL laut EuGH neben den Anforderungen in Art 12 ff DSGVO zudem Angaben zur Funktionsdauer von Cookies und dazu, ob Dritte Zugriff auf Cookies erhalten können.[130]

Vor dem Hintergrund der österr Umsetzung der e-Privacy-RL ergibt sich die mE legitime Frage, ob auch für den Einsatz jener nicht notwendigen Cookies und ähnlichen Technologien, im Rahmen derer *keine* personenbezogenen Daten iSd Art 4 Z 1 DSGVO erhoben bzw verarbeitet werden, ein – wie von Art 5 Abs 3 ePrivacy-RL gefordertes und durch den EuGH in der Rs *Planet 49* bestätigtes – Einwilligungserfordernis samt Informationspflicht besteht. Aus Sicht des Autors wäre diese Frage zweifellos zu bejahen, hätte Österreich seine RL-Umsetzung

127 EuGH 01.10.2019, C-673/17, Rz 52 f.

128 EuGH 01.10.2019, C-673/17, Rz 71.

129 EuGH 01.10.2019, C-673/17, Rz 74.

130 EuGH 01.10.2019, C-673/17, Rz 75 f.

nicht durch den legistischen Austausch von »Informationen« (Art 5 Abs 3 ePrivacy-RL) und »personenbezogene Daten« (§ 165 Abs 3 TKG 2021) verengt.

In Anbetracht der österr Rechtslage ist die Frage mE nun jedoch zu verneinen, zumal Cookies und ähnliche Technologien, im Zuge derer *keine* personenbezogenen Daten erhoben bzw verarbeitet werden, weder vom Anwendungsbereich des § 165 Abs 3 TKG 2021 noch von jenem der DSGVO erfasst sind.

3.5 Kriterium der technischen Notwendigkeit

Wie oben ausgeführt, entfällt im Zusammenhang mit Cookies und ähnlichen Technologien in zwei Fällen gem § 165 Abs 3 TKG 2021 die Verpflichtung für Diensteanbieter, vor deren Einsatz eine Einwilligung der betroffenen NutzerInnen einzuholen, nämlich erstens, wenn deren Einsatz allein der Durchführung der Übertragung einer Nachricht über ein elektronisches Kommunikationsnetz dient, oder zweitens, wenn deren Einsatz für die Zurverfügungstellung eines Dienstes, der von TeilnehmerInnen oder NutzerInnen ausdrücklich gewünscht wurde, unbedingt erforderlich ist. Das Kriterium der technischen Notwendigkeit soll im Folgenden näher beleuchtet werden:

Weder Art 5 Abs 3 ePrivacy-RL oder § 165 Abs 3 TKG 2021 noch der EuGH bieten eine Definition oder belastbare Anhaltspunkte für eine Interpretation von technisch notwendigen Cookies an. Nach Auffassung der Art-29-Datenschutzgruppe muss es sich für die Inanspruchnahme der Einwilligungsausnahme im Zusammenhang mit dem Einsatz eines Cookies um einen Dienst der Informationsgesellschaft handeln, der die folgenden Bedingungen gleichzeitig erfüllt: Er muss von NutzerInnen ausdrücklich gewünscht werden, dh die NutzerInnen selbst müssen etwas unternehmen, um den Dienst anzufordern, und der Einsatz der gegenständlichen Cookies muss für die Zurverfügungstellung unbedingt erforderlich sein, sodass er im Falle der Deaktivierung von Cookies nicht funktionieren würde.[131]

Bemerkenswert ist aus Sicht des Autors, dass die Art-29-Datenschutzgruppe in ihrer Stellungnahme 4/2012 dem europäischen Gesetzgeber empfiehlt, für den Fall einer Überarbeitung bzw Neufassung von

131 Art-29-Datenschutzgruppe, Stellungnahme 4/2012, 3 f.

Art 5 Abs 3 ePrivacy-RL die darin enthaltene Einwilligungsausnahme um einen dritten Anwendungsfall zu erweitern: Demnach könnten aufgrund des von ihnen kaum ausgehenden Datenschutzrisikos auch jene Cookies von der Ausnahme von der Einwilligungspflicht aufgenommen werden, »die ausschließlich der Erstellung anonymisierter und aggregierter Statistiken des Erstanbieters dienen«.[132] Mit ihrer Stellungnahme 9/2016 zitiert sie den Vorschlag und relativiert ihn sogleich im selben Absatz mit dem Hinweis, dass es derzeit für First Party-Cookies, mithilfe derer ausschließlich anonymisierte und aggregierte Statistiken erstellt werden sollen, »derzeit keine Ausnahme von der Einwilligungspflicht« bestehe.[133]

Babilon/Schönbrunn argumentieren hingegen, dass es sachgemäß sei, die Frage nach der technischen Notwendigkeit und damit verbunden die Ausnahme vom Einwilligungserfordernis weiter zu interpretieren und sie einer Abwägung der betroffenen Interessen zuzuführen. Vor dem Hintergrund der EuGH-Entscheidung in der *Rs Breyer* seien nämlich auch jene Cookies von der Einwilligungsausnahme umfasst gewesen, die zwar nicht unmittelbar für die Zurverfügungstellung des angefragten Dienstes, aber im weiteren Sinne betrachtet für die »Aufrechterhaltung der Funktionsfähigkeit des Dienstes insgesamt« erforderlich waren.[134] Die Konsequenz dieser Rechtsauffassung wäre, dass sogar der Einsatz bestimmter Tracking-Cookies ohne Einwilligungserfordernis möglich wäre, nämlich dann, wenn sie zB durch »frühestmögliche Anonymisierung, Verzicht auf Datenweitergabe an Dritte, kurze Speicherdauer« nur minimal in die Privatsphäre der NutzerInnen eingreifen.[135]

Kunnert zufolge könnte zudem die Analyse des Surf-Verhaltens von NutzerInnen auf einer Webseite zum Zweck der »Seitenoptimierung« als »Gewährleistung der Grundfunktionalitäten einer Webseite« verstanden werden, nämlich dann, wenn erstens das Tracking nicht zur Erstellung eines Profils von BesucherInnen zu Werbezwecken genutzt werde, und zweitens es dem Interesse der BesucherInnen dient und

132 Art-29-Datenschutzgruppe, Stellungnahme 4/2012, 12.

133 Art-29-Datenschutzgruppe, Stellungnahme 9/2014, 10.

134 *Babilon/Schönbrunn*, Unbedingt erforderliche Cookies iSv Art 5 Abs 3 ePrivacy-Richtlinie, DSB 2020/9, 205.

135 *Babilon/Schönbrunn*, DSB 2020/9, 206.

ihnen stark nachgefragte Produkte und Dienstleistungen »an vorderer Stelle« der Webseite angeboten werden.[136]

Für die Frage, ob technische Notwendigkeit iSv Art 5 Abs 3 ePrivacy-RL vorliegt, komme es nach Ansicht der Art-29-Datenschutzgruppe darauf an, ob die Einbindung von Cookies oder ähnlichen Technologien aus Sicht von NutzerInnen und nicht von Diensteanbietern unbedingt erforderlich ist.[137] Zudem soll diesbezüglich der Fokus nicht auf technische Merkmale, sondern in erster Linie auf dem Zweck, den die jeweiligen Cookies verfolgen, liegen.[138]

Sowohl die Art-29-Datenschutzgruppe als auch die österr DSB nennen typische Anwendungsfälle für Cookies, die regelmäßig technisch notwendig sind und daher nicht dem Einwilligungserfordernis unterliegen:

a) Cookies, die im Zusammenhang mit mehrseitigen Online-Formularen auf Webseiten notwendig sind, damit die darin enthaltenen Eingaben bis zum Abschicken des Formulars gespeichert bleiben, oder jene, die zum Speichern des Warenkorbs im Rahmen des Onlineshoppings oder zum Speichern des Login-Status notwendig sind, sofern es sich nur um temporär gültige First-Party-Cookies handelt (*Nutzer-Eingabe-* bzw *User-Input-Cookies*);[139]

b) Cookies zur Identifizierung von NutzerInnen, nachdem sie sich zB auf einer Online-Banking-Webseite angemeldet haben, sofern deren Gültigkeit einerseits nicht über die Dauer einer Sitzung hinausgehen und andererseits keine eindeutige Online-Kennung vergeben wird (*Authentifizierungscookies*);[140]

c) Cookies zur Aufzeichnung wiederholt fehlgeschlagener Login-Versuche oder andere Mechanismen zur Missbrauchsprävention des Login-Systems einer ausdrücklich von NutzerInnen angeforderten Webseite (*nutzerbezogene Sicherheitscookies*);[141]

---

136 *Kunnert*, Dako 4/2021, 83.

137 Art-29-Datenschutzgruppe, Stellungnahme 4/2012, 13.

138 GA 21.09.2019, C-673/17 (Planet 49) Rz 40.

139 Art-29-Datenschutzgruppe, Stellungnahme 4/2012, 7; DSB, FAQ Cookies und Datenschutz, Frage 5.

140 Art-29-Datenschutzgruppe, Stellungnahme 4/2012, 7 f; DSB, FAQ Cookies und Datenschutz, Frage 5.

141 Art-29-Datenschutzgruppe, Stellungnahme 4/2012, 7 f

d) Cookies, die Informationen über Bildqualität, Verbindungsgeschwindigkeit des Netzwerks und Zwischenspeicherungsparameter enthalten, wenn sie ausschließlich zum Zweck der Wiedergabe von Audio- oder Videoinhalten sowie nur bis zum Ende der aktuellen Sitzung gespeichert werden (*Multimedia-Player-Sitzungscookies* oder *Flash-Cookies*).[142]

Im Umkehrschluss sind nach Ansicht der österr DSB jene Cookies nicht notwendig und unterliegen daher jedenfalls dem Einwilligungserfordernis nach § 165 Abs 3 TKG 2021, mithilfe derer das Nutzungsverhalten von Personen auf Webseiten oder über mehrere Webseiten oder Endgeräte aufgezeichnet und ausgewertet werden, wie zB Plug-Ins von Social-Media-Diensten oder Werbenetzwerken. Auch könne die technische Notwendigkeit nicht als »wirtschaftliche Notwendigkeit« interpretiert werden, nur weil zB das Ausspielen von personalisierter Werbung zum Geschäftsmodell einer Webseite zählt.[143]

Aus Sicht des Autors ist dem in § 165 Abs 3 TKG 2021 normierten Kriterium der technischen Notwendigkeit unter Berücksichtigung des oben Ausgeführten mit Augenmaß zu begegnen. So wird beispielsweise der Einsatz eines Softwaretools, das mit dem Zweck in eine Webseite eingebunden wird, NutzerInnen mit Behinderungen einen barrierefreien Zugang iSv audiovisueller Unterstützung beim Erfassen von Online-Inhalten zu ermöglichen, mE als »unbedingt erforderlich« iSd § 165 Abs 3 TKG 2021 anzusehen sein. Dies ergibt sich mE ua bereits daraus, die Erforderlichkeit eines solchen Tools grundrechtlich auf den Gleichheitssatz gem Art 7 B-VG[144] iVm dem Barrierefreiheitsgebot in § 6 Abs 5 BGStG[145] stützen zu können.

3.6 Cookie-Banner

Eine Möglichkeit, die von § 165 Abs 3 TKG 2021 geforderte Einwilligung vor dem Einsatz von technisch nicht notwendigen Cookies und ähnlichen Technologien mit Personenbezug von NutzerInnen einzuholen

---

142 Ebd.

143 DSB, FAQ Cookies und Datenschutz, Frage 5.

144 Bundes-Verfassungsgesetz (B-VG), BGBl. 1/1930 idF BGBl. I 194/1999.

145 Bundesgesetz über die Gleichstellung von Menschen mit Behinderungen (Bundes-Behindertengleichstellungsgesetz – BGStG), BGBl. I. 82/2005.

und ihnen die Datenschutzinformation zur Kenntnis zu bringen, besteht für Diensteanbieter in der Bereitstellung eines sog »Cookie-Banners«. Rufen NutzerInnen eine Webseite auf, in die solche Technologien eingebunden sind, erscheint den BesucherInnen sogleich ein Fenster – je nach Ausgestaltung des Banners – in der Mitte oder im unteren Bereich der Homepage. Der darin enthaltene Text muss die oben erörterten Anforderungen an eine rechtsgültige Einwilligung iSd Art 7 iVm Art 4 Z 11 DSGVO sowie an die Informationspflicht iSd Art 12 ff DSGVO erfüllen:

Nach der oben diskutierten Entscheidung des EuGH in der Rs *Planet 49* liegt eine solche Einwilligung dann vor, wenn sich NutzerInnen proaktiv für die Einwilligung entscheiden. Voreinstellungen oder voreingestellte Ankreuzkästchen auf Cookie-Banner können daher zu keiner rechtsgültigen Einwilligung führen. Aus § 165 Abs 3 TKG 2021 ergibt sich das Erfordernis, dass NutzerInnen in informierter Weise in das Setzen und Auslesen der eingebundenen Cookies oder ähnlichen Technologien, sofern sie nicht technisch notwendig sind, eingewilligt haben müssen, und zwar noch bevor solche Technologien auf ihren Endgeräten gesetzt werden. Freiwillig ist eine Einwilligung dann, wenn NutzerInnen im Falle einer Ablehnung keine Nachteile erwachsen würden.[146] Grundsätzlich folgt daraus, dass Webseitenanbieter auch jenen Personen den Zugriff auf ihre Webseite nicht verweigern dürfen, die in den Einsatz von Cookies oder ähnlichen Technologien nicht eingewilligt haben.

Betreiber von Online-Nachrichtenportalen, die auf ihren Webseiten Werbe-Cookies einsetzen, können den Zugang zu dort angebotenen journalistischen Inhalten nach Ansicht der österr DSB jedoch sehr wohl von der Einwilligung der NutzerInnen in den Einsatz solcher Technologien abhängig machen. Wollen NutzerInnen Online-Inhalte ohne Abschluss eines Abonnements konsumieren, können sie dies nur machen, wenn sie in den Einsatz von Werbe-Cookies auf ihren Endgeräten einwilligen. Dabei handelt es sich um sog »Cookie-Walls«, die diesbezügliche Diskussion wird insbesondere unter dem Titel »Pay or Ok« geführt. Cookie-Walls entsprechen der österr DSB zufolge dann den Anforderungen an eine rechtsgültige Einwilligung, wenn bei der Beurteilung der Freiwilligkeit iSd Art 7 Abs 4 DSGVO die Faktoren Ungleichgewicht, Erforderlichkeit, vertragscharakteristische Leistung, zumutbare Alter-

---

146 Art 7 Abs 4 DSGVO.

native sowie angemessener Interessenausgleich berücksichtigt wurden. Freiwilligkeit kann vor dem Hintergrund von Cookie-Walls daher angenommen werden, wenn der Verantwortliche alle datenschutzrechtlichen Bestimmungen einhält, weder eine Behörde noch eine sonstige öffentliche Stelle ist, keine Monopol- oder Quasi-Monopolstellung am Markt hat und das als Alternative zur Einwilligung angebotene Abonnement zu einem »angemessenen und fairen Preis« anbietet. Als Konsequenz dürfen bei NutzerInnen, die die Bezahlvariante gewählt haben, keine Werbe-Cookies gesetzt werden.[147]

NutzerInnen können ihre Einwilligung nur dann informiert geben, wenn ihnen transparent gemacht wird, worin die Einwilligung besteht und wie weit diese reicht. Nach dem »Mehrebenen-Ansatz« können die Informationspflichten nach Art 13 DSGVO zB auf zwei Ebenen erfüllt werden. Auf der ersten Ebene, also im Cookie-Banner, sollte jedenfalls die Identität des Verantwortlichen samt genauer Beschreibung der Verarbeitungszwecke, Rechtsgrundlage der konkreten Datenverarbeitung sowie die Belehrung über das jederzeitige Recht, die Einwilligung zu widerrufen, angeführt werden. Die zweite Ebene könnte in der Datenschutzerklärung bestehen, auf die im Cookie-Banner verlinkt wird.[148]

Eine »unmissverständliche Einwilligung« liegt nicht vor, wenn NutzerInnen den Cookie-Banner ignorieren, sie mit ihm also in keiner Weise interagieren und einfach weitersurfen, irrtümlich einen »versteckte[n] Einwilligungsbutton« auswählen oder sie zB das Setzen und Auslesen von Cookies in ihren Browsereinstellungen grundsätzlich zulassen.[149] Für eine proaktive Einwilligung iSd DSGVO reicht dem EDSA zufolge »das Scrollen durch eine Webseite oder das Wischen oder ähnliche Handlungen« von NutzerInnen nicht aus.[150] Dagegen könnte das Wischen über eine Bildschirmleiste, »vor einer Smart-Kamera zu winken, ein Smartphone im Uhrzeigersinn drehen oder in Form einer Acht zu

---

147 DSB, FAQ Cookies und Datenschutz, Frage 7; DSB-D122.974/0001-DSB/2019 vom 20.8.2019.

148 DSB, FAQ Cookies und Datenschutz, Frage 7; EDSA, Leitlinien zur Einwilligung gem Verordnung 2016/679 (2020) 17 f: Der EDSA formuliert diese Angaben als Mindestanforderungen für eine informierte Einwilligung.

149 DSB, FAQ Cookies und Datenschutz, Frage 7.

150 EDSA, Leitlinien zur Einwilligung, 22.

bewegen« eine gültige Einwilligung von NutzerInnen bewirken, sofern die Handlung vollständig informiert erfolgt.[151]

NutzerInnen müssen außerdem die Möglichkeit haben, ihre erteilte Einwilligung gem Art 7 Abs 3 DSGVO jederzeit zu widerrufen. Dafür müssen ihnen Diensteanbieter die Information auf einfache, klare und deutliche Weise darüber bereitstellen, wie und wo sie den Widerruf geltend machen können. Dabei muss der Widerruf der Einwilligung gleich einfach wie die Erteilung selbst sein. Der Widerruf der Einwilligung oder die Nichtabgabe einer Einwilligung darf nicht mehr Interaktionen mit dem Cookie-Banner erfordern als die Einwilligung selbst.[152]

Nach aktueller Rechtslage sind weder das allgemeine Design noch die konkrete Farbgestaltung oder Größe eines Cookie-Banners rechtlich geregelt, sodass Webseitenanbieter einen solchen grundsätzlich frei gestalten können. Die oben diskutierten Anforderungen an die Rechtmäßigkeit einer im Rahmen eines Cookie-Banners erteilten Einwilligung grenzen den diesbezüglichen Gestaltungsspielraum für Webseitenanbieter mE ohnehin erheblich ein.

Einer im Jahr 2019 durchgeführten Studie zufolge können bereits kleine Änderungen im Design von Cookie-Banner großen Einfluss auf die getroffenen NutzerInnen-Entscheidungen haben. Für das Experiment haben ForscherInnen der *Copenhagen Business School* das Design und die Auswahlmöglichkeiten des Cookie-Banners auf der öffentlich zugänglichen Webseite eines dänischen Unternehmens für einen Zeitraum von vier Wochen verschieden manipuliert. Die Auswertung der Auswahlentscheidungen der NutzerInnen, die mit dem Cookie-Banner konfrontiert waren, zeigte, dass die Einwilligungsrate je nach Ausgestaltung des Cookie-Banners um 17 % gesteigert werden konnte. Ursprünglich war der Begriff »Nudging« positiv besetzt, zumal diese Methode, Menschen zu beeinflussen, zur Wohlstandssicherung eingesetzt wurde. Werden solche Methoden jedoch in trügerischer und egoistischer Absicht eingesetzt, NutzerInnen – entgegen ihren Interessen – zu Handlungen zu verleiten, spricht man von sog »Dark Patterns«.[153]

---

151 EDSA, Leitlinien zur Einwilligung, 22.

152 EDSA, Leitlinien zur Einwilligung, 28, DSB, FAQ Cookies und Datenschutz, Frage 7.

153 *Bauer/Bergstrom/Foss-Madsen*, Are you sure, you want a cookie? – The effects of choice architecture on user's decisions about sharing private online

Bauer/Bergstrom/Foss-Madsen ist mE zuzustimmen, wenn sie in diesem Zusammenhang bezweifeln, dass ein Cookie-Banner, dessen Design lediglich darauf abzielt, möglichst viele NutzerInnen zur Einwilligung in das Setzen und Auslesen von Cookies und ähnlichen Technologien auf ihren Endgeräten zu verleiten, überhaupt noch mit den Zielsetzungen der ePrivacy-RL und der DSGVO vereinbart werden könne.[154] Aus Sicht des Autors kann ein Verbot von »Nudging« oder »Dark Patterns« bereits aus dem in Art 5 Abs 1 lit a DSGVO normierten Grundsatz abgeleitet werden, wonach personenbezogene Daten nur nach Treu und Glauben verarbeitet werden dürfen. Die Aushebelung der Autonomie von NutzerInnen unter Zuhilfenahme von psychologischen Manipulationsmethoden steht mE in grobem Widerspruch zu den Anforderungen an eine faire und für die Betroffenen erwartbare Verarbeitung ihrer personenbezogenen Daten.

Während es in dieser Frage (noch) keine Entscheidung des EuGH gibt, geht die österr DSB in ihren *FAQ zum Thema Cookies und Datenschutz* kurz auf das Thema »Nudging« ein. Cookie-Banner seien demnach nicht zulässig, wenn Verantwortliche »unfaire Praktiken« anwenden. NutzerInnen dürfen »weder unmittelbar noch subtil zur Abgabe einer Einwilligung gedrängt werden (kein *nudging*)«. Zudem sei es »unzulässig, den Button zur Nichtabgabe einer Einwilligung (bzw zum Weitersurfen ohne Einwilligung) derart zu gestalten oder zu positionieren, dass dieser Button [im Vergleich zu jenem einer Einwilligung] weniger prominent ist«.[155] Beispielsweise könne man von keiner gültigen Einwilligungserklärung ausgehen, wenn der Button zur Abgabe einer Einwilligung rot, während jener zu deren Nichtabgabe weiß gestaltet ist.[156]

Zwei Beispiele sollen die Thematik veranschaulichen: Im ersten Beispiel handelt es sich um den Cookie-Banner eines dt Onlinedienstes zur maschinellen Übersetzung, der beim Webseitenaufruf im unteren Bereich des Browser-Fensters aufpoppt. Eine Schnell-Analyse zeigt, dass vor meiner Interaktion mit dem Cookie-Banner keine Daten von meinem Endgerät an den Webserver des Onlinedienstes übermittelt werden. Transparent und übersichtlich kann ich mich über die eingebundenen

---

data, Computers in Human Behavior 2021/120, 2.

154 *Bauer/Bergstrom/Foss-Madsen*, Computers in Human Behavior 2021/120, 2.

155 DSB, FAQ Cookies und Datenschutz, Frage 7.

156 DSB, FAQ Cookies und Datenschutz, Frage 8.

Cookies über Klick auf »Mehr« über Art und Zweck der »Performance«- und »Komfort«-Cookies informieren. Die Datenschutzerklärung mit detaillierter Angabe der eingebundenen Cookies samt Angabe der jeweiligen Speicherdauer sowie meiner jederzeitigen Widerrufmöglichkeit ist im Cookie-Banner verlinkt. Je nach Präferenz kann ich auf unkomplizierte Weise alle Cookies akzeptieren oder die nicht voreingestellten Kästchen auswählen und diese Auswahl akzeptieren. Wähle ich keine Cookies aus und klicke auf »Auswahl akzeptieren«, werden nur die technisch notwendigen Cookies auf meinem Endgerät gesetzt. Die Farbgestaltung ist mE unaufdringlich, die Auswahlmöglichkeiten »Alle akzeptieren« und »Auswahl akzeptieren« sind gleich groß, wobei der Einwilligungs-Button im Vergleich zu den anderen Elementen hellblau gestaltet ist. Aus Sicht des Autors liegt hier ein noch vertretbarer farblicher Unterschied vor, sodass – wenn die Information über meine Widerrufsmöglichkeit auf der ersten Ebene implementiert wäre – ein rechtskonformer Cookie-Banner vorliegt:

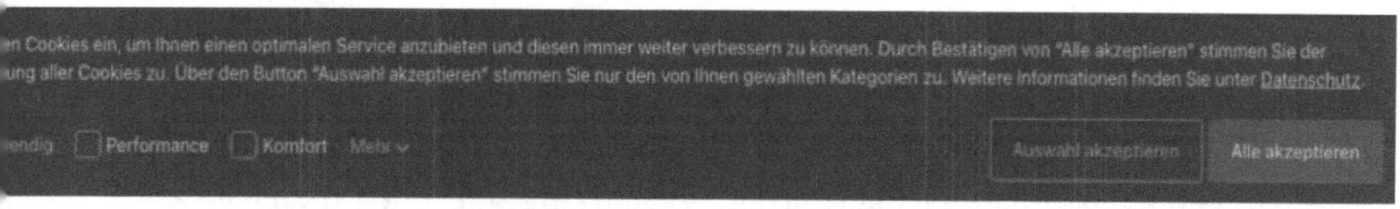

Abbildung 4: Cookie-Banner auf <deepl.com/de/translator> (07.09.2022).

Das zweite Beispiel ist der Cookie-Banner auf der Webseite der österr Förderbank des Bundes, der beim Webseitenaufruf prominent in der Mitte des Browser-Fensters aufpoppt. Auch hier werden keine Daten meines Endgeräts vor meiner Interaktion mit dem Cookie-Banner an den Webserver der Förderbank übermittelt. Übersichtlich wird mir angezeigt, welche Cookies zu welchem Zweck und wie lange gespeichert werden, sollte ich in den Einsatz der »Analyse-/Statistik«-Cookies einwilligen. Zwischen den drei gleich großen Schaltflächen »Auswahl bestätigen«, »Alle ablehnen« und »Alle akzeptieren« kann ich wählen. Angesichts des im Allgemeinen hell gestalteten Cookie-Banners und der blauen Schrift vor weißem Hintergrund, drängt sich mE der Button »Alle Auswählen« mit weißer Schrift auf grellblauem Hintergrund im Vergleich zu den anderen Buttons derart auf, dass man daher aus Sicht des Autors wohl von keiner rechtskonformen Einwilligung ausgehen wird können:

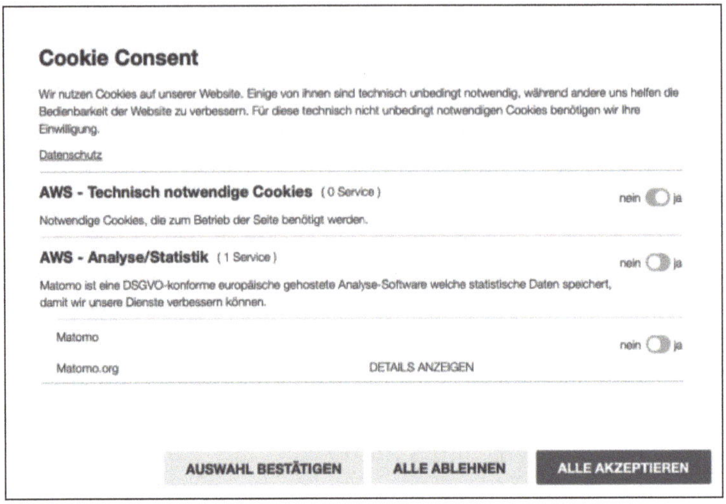

Abbildung 5: Cookie-Banner auf <aws.at> (07.09.2022)

Ab Mai 2021 hat die NGO *Noyb – Europäisches Zentrum für digitale Rechte*[157] in mehreren Runden über 500 Unternehmen einen Beschwerdeentwurf aufgrund der von diesen eingesetzten rechtswidrigen Cookie-Banner übermittelt. Gleichzeitig bot ihnen die NGO eine Schritt-für-Schritt-Anleitung zur rechtskonformen Anpassung ihrer Softwareeinstellungen an. Verbesserten die Unternehmen ihre Cookie-Banner innerhalb der von *Noyb* vorgegebenen Frist von 60 Tagen nicht, würden sie die Beschwerde bei der Aufsichtsbehörde jener Mitgliedstaaten einbringen, in denen die Unternehmen ansässig sind. So brachte *Noyb* im August 2022 gegen 226 Webseiten Beschwerde bei insgesamt 18 Behörden ein, da die Webseitenbetreiber dem Verbesserungsvorschlag nicht nachkamen und auf ihren Webseiten weiterhin irreführende und auf »Dark Pattern« basierende Cookie-Banner verwenden. Wollen NutzerInnen den Einsatz von Cookies oder ähnlichen Technologien auf ihren Endgeräten ablehnen, müssen sie dazu auf derartigen Webseiten regelrechte »Klick-Marathons« zurücklegen.[158]

Eine Alternative zu Cookie-Banner könnte ein automatisches Browser-Signal sein, das Webseiten im Hintergrund mitteilt, dass NutzerIn-

157 Die Bezeichnung »Noyb« steht für »My Privacy is None of your business«.
158 <noyb.eu/en> (07.09.2022).

nen in den Einsatz von Cookies oder ähnlichen Technologien einwilligen. *Noyb* bringt diesen Vorschlag gemeinsam mit dem Sustainable Computing Lab der Wirtschaftsuniversität Wien unter der Bezeichnung »Advanced Data Protection Control« bzw kurz »ADPC« in die Diskussion ein. Nach Art 21 Abs 5 DSGVO können betroffene Personen im Zusammenhang mit Diensten der Informationsgesellschaft ihr Widerspruchsrecht nämlich auch mittels solcher automatisierter Verfahren ausüben, bei denen technische Spezifikationen verwendet werden. Das Browser-Signal könnte in diesem Sinne auch spezifische Einwilligungen für eine bestimmte Webseite und einen bestimmten Zweck darstellen. Webseiten könnten Datenschutz-Anfragen in maschinenlesbarer Form an die Endgeräte der NutzerInnen senden und diese übertragen wiederum die Antwort über Header-Signale oder mittels JavaScript an den Server. NutzerInnen können damit ihre Daten ähnlich einer »Kamerafreigabe« durch ein einheitliches und einfaches Pop-up-Fenster im Browser freigeben.[159]

Cookie-Banner werden von NutzerInnen im gelebten Alltag oftmals als mühsam empfunden. Sie müssen bei jedem einzelnen Webseitenaufruf in irgendeiner Weise mit dem dort anzutreffenden Cookie-Banner interagieren, kommt ihnen doch die Entscheidungshoheit über den Einsatz von Technologien auf ihren Endgeräten zu.

Eines der Ergebnisse der oben präsentierten dänischen Studie ist in diesem Zusammenhang, dass NutzerInnen durch dieses inflationäre Entscheiden-Müssen samt Bewältigung der damit verbundenen Informationsflut Cookie-Banner ganz ignorieren oder ihre Einwilligung in den Einsatz von Technologien unreflektiert geben – ein Phänomen, das auch als »Consent Fatigue« beschrieben wird.[160]

3.7 Zusammenfassendes Beispiel

Für die Beurteilung der jeweils anzuwendenden Norm wird es im Zusammenhang mit der österr Praxis mE insbesondere darauf ankommen, ob es durch den konkreten Einsatz von Cookies oder ähnlichen Technologien zu einer Verarbeitung personenbezogener Daten kommt. Ein Beispiel soll diese für RechtsanwenderInnen schwierige Herausforde-

159 <dataprotectioncontrol.org> (07.09.2022).
160 *Bauer/Bergstrom/Foss-Madsen*, Computers in Human Behavior 2021/120, 2.

rung in der rechtlichen Beurteilung ausleuchten:

Das österr Unternehmen P bietet auf seiner Webseite Produkte und Dienstleistungen an. Zum Zweck der Reichweitenmessung bzw der Messung von BesucherInnenströmen soll auf der Webseite ein Dienst der Open-Source-Webanalytik-Plattform *Matomo Analytics* eingebunden werden. Dabei wird seitens P im Tool die Einstellung vorgenommen, dass keine Cookies auf den Endgeräten der NutzerInnen gesetzt werden. Zudem soll die ermittelte IP-Adresse gekürzt werden, sodass kein Personenbezug mehr möglich ist. An den Server der Webseite von P werden von den Endgeräten der NutzerInnen lediglich die Bildschirmauflösung, Software-Version des verwendeten Webbrowsers und Betriebssystems sowie Informationen über die getroffene Sprachauswahl, über installierte Browser-Plug-Ins und Schriftarten übermittelt. Wie oben diskutiert, ist der Identifikator, der auf diese Weise den Endgeräten der NutzerInnen mittels *Browser- oder Geräte-Fingerabdruck* zugwiesen wird, nicht hinreichend eindeutig, um eine Verarbeitung von personenbezogenen Daten zu bewirken. Bedingt durch die Technologieneutralität der ePrivacy-RL einerseits und das Abstellen auf *Informationen* andererseits wäre im gegenständlichen Fall der Anwendungsbereich von Art 5 Abs 3 ePrivacy-RL eröffnet. Außerdem liegt im Zusammenhang mit ähnlichen Technologien zum Zweck der Reichweitenmessung mE keine technische Notwendigkeit vor. § 165 Abs 3 TKG 2021 ist hingegen mangels Vorliegens von personenbezogenen Daten auf den vorliegenden Sachverhalt nicht anwendbar. Als Zwischenergebnis kann mE daher festgehalten werden, dass P im konkreten Fall weder einen Cookie-Banner auf seiner Webseite bereitstellen noch der diesbezüglichen Informationspflicht nach der DSGVO nachkommen muss.

Das gleiche Unternehmen P verarbeitet außerdem Logdaten bei jedem Zugriff auf sein Online-Angebot, um Systemstörungen, die die Verfügbarkeit des Online-Angebots einschränken, oder um unerlaubte Zugriffe auf Systeme des Unternehmens zu erkennen und zu beseitigen. Diese abgefragten Logdaten bestehen ua aus Datum und Uhrzeit der Abfrage, Name und URL der abgerufenen Ressource, Datenmenge der angefragten und/oder abgerufenen Ressource, Antwort des Servers, Erkennungsdaten des verwendeten Browsers und Betriebssystems, IP-Adresse und Webseite, von der aus der Zugriff erfolgte. Diese personenbezogenen Logdaten verarbeitet P zeitlich begrenzt aufgrund seines berechtigten Interesses gem Art 6 Abs 1 lit f DSGVO. In der Datenschutzerklärung informiert P die betroffenen Personen darüber, dass die Logdaten nicht mit anderen personenbezogenen Daten verknüpft werden.

Der Angestellte H in der IT-Abteilung von P könnte sowohl die Logdaten auslesen als auch auf die durch *Matomo Analytics* erhobenen Daten zugreifen. Durch die Verknüpfung dieser beiden Datensätze könnten einzelne WebseitenbesucherInnen identifiziert werden.[161] Da der Angestellte H für P im Rahmen seines Dienstverhältnisses tätig wird, würden – vor dem Hintergrund der Annahme eines *relativen Personenbezugs* – für P als Verantwortlichen personenbezogene Daten vorliegen.

Setzt das Unternehmen *Matomo Analytics* auf seiner Webseite zur Reichweitenmessung ein, kommt es im Ergebnis daher zu einer Verarbeitung personenbezogener Daten. Der Anwendungsbereich von § 165 Abs 3 TKG 2021 ist eröffnet. Da im Zusammenhang mit der Reichweitenmessung bzw der Messung von BesucherInnenströmen auf einer Webseite mE keine technische Notwendigkeit angenommen werden kann, müssen NutzerInnen beim Aufruf der Webseite von P und noch bevor irgendwelche Daten ihrer Endgeräte mithilfe des Analyse-Tools an den Server von P übermittelt werden, eingewilligt haben. Neben der Bereitstellung eines rechtskonformen Cookie-Banners muss P als Verantwortlicher gem Art 13 DSGVO die Informationspflicht gegenüber den betroffenen Personen zB über eine Datenschutzerklärung erfüllen.

---

161 In ihrer nicht-rechtskräftigen Entscheidung zu *Google Analytics* betont die österr DSB Ende 2021, dass es für die Frage der Identifizierbarkeit nicht darauf ankommt, dass eine natürliche Person tatsächlich identifiziert wird, sondern es stattdessen ausreicht, dass ein Verantwortlicher die technische Möglichkeit zur Identifizierung hat, DSB-D155.027, 2021-0.586.257 vom 22.12.2021, 28 f.

4. Conclusio und Ausblick

Durch Ausleuchtung der Zielsetzungen, Begrifflichkeiten und des jeweiligen sachlichen (erweiterten) Anwendungsbereiches von DSGVO und ePrivacy-RL wurde das Spannungsverhältnis zwischen beiden Normen sichtbar. Beispielsweise kommen im Zusammenhang mit dem Einsatz von Cookies und/oder ähnlichen Technologien sowohl die Bestimmung des Art 5 Abs 3 ePrivacy-RL bzw ihre nationale Umsetzung durch § 165 Abs 3 TKG 2021 als auch jene des Art 6 bzw 9 DSGVO in Betracht. Art 95 DSGVO hat den Anspruch, diesen Normenkonflikt aufzulösen. Demnach gilt die ePrivacy-RL in jenen Bereichen als lex specialis, in denen sie im Verhältnis zur DSGVO speziellere Regeln vorsieht.

Werden Cookies oder ähnliche Technologien auf Webseiten gesetzt und ausgelesen bzw kommt es in diesem Zusammenhang zu einer technischen Speicherung oder zum Zugang von Daten auf Endgeräten, ist Art 5 Abs 3 ePrivacy-RL einschlägig. Da deren österr Umsetzung in Gestalt von § 165 Abs 3 TKG 2021 die unionsrechtliche Norm entgegen ihres eindeutigen Wortlautes von »Informationen« auf »personenbezogene Daten« einengt, ist § 165 Abs 3 TKG 2021 als lex specialis zur DSGVO nur in jenen Fällen anwendbar, in denen die mittels Cookies oder ähnlicher Technologien erhobenen Informationen personenbezogene Daten iSd Art 4 Z 1 DSGVO sind. Die anschließende Verarbeitung der durch solche Technologien erhobenen personenbezogenen Daten wird nach der DSGVO zu beurteilen sein. Gleichzeitig ist die von § 165 Abs 3 TKG 2021 geforderte informierte Einwilligung im Lichte von Art 7 DSGVO zu beurteilen und die Informationspflicht gem Art 12 ff DSGVO zu erfüllen.

Eine Auflösung dieser für RechtsanwenderInnen komplizierten rechtlichen Konstellation wird aus Sicht des Autors erst eine Vollharmonisierung in Form der lange angekündigten ePrivacy-VO bringen, durch die die ePrivacy-RL ersetzt wird. Ursprünglich hätte sie gleichzeitig mit der DSGVO in Kraft gesetzt werden sollen und wäre somit in allen Mitgliedstaaten der EU und des EWR-Raums unmittelbar anwendbar. Dass sich die Mitgliedstaaten bisher noch auf keinen gemeinsamen verbindlichen VO-Text einigen konnten, zeigt mE die hohe Polarisierung der am Spiel stehenden Themen für Verlage und Digitalunternehmen einerseits und Verbraucherschutzorganisationen und DatenschützerInnen andererseits. Aus Sicht des Autors wäre in der ePrivacy-VO eine Angleichung des Strafrahmens an jenen der DSGVO sowie eine klare Regelung des Einsatzes von Technologien zur Reichweitenanalyse und zum Offline-Tracking begrüßenswert.

Literaturverzeichnis

Ackermann Philipp, JavaScript – das umfassende Handbuch[3] (Rheinwerk 2020)

Aichinger Gregor, Der lange Weg zur aktiv erteilten Einwilligung bei Cookies im Lichte der informationellen Selbstbestimmung. Zugleich eine Anmerkung zu EuGH C-673/17, ZTR 2020/1, 43

Babilon Tobias/Schönbrunn Benedikt, Unbedingt erforderliche Cookies iSv Art 5 Abs 3 ePrivacy-Richtlinie, DSB 2020/9, 205

Bauer Jan Michael/Bergstrom Regitze/Foss-Madsen Rune, Are you sure, you want a cookie? – The effects of choice architecture on user's decisions about sharing private online data, Computers in Human Behavior 2021/120

Berg Christian, Web-Tracking im E-Commerce. Erfolgsmessung von Retargeting- und Prospecting-Maßnahmen mit Google und Facebook (2018)

Diemberger Christoph, Zum Personenbezug der Verarbeitung von Identifikatoren zur Wiedererkennung von Benutzern im World Wide Web, jusIT 2018/85

Feiler Lukas/Forgó Nikolaus (Hrsg), EU-DSGVO: Kurzkommentar (2016)

Gabauer Claudia/Knyrim Rainer, Checkliste Prüfschema zur datenschutzrechtlichen Rollenverteilung, Dako 2019/8, 14

Geuer Ermano/Reinisch Fabian, Direktwerbung und Cookies im Spannungsfeld des TKG und der DSGVO, MR 2018/3, 124

Isak Hubert, Europarecht Teil 1 Grundlagen-Institutionen-Verfahren[7] (Lexis Nexis 2014)

Jahnel Dietmar/Pallwein-Prettner Angelika, Datenschutzrecht[3] (Facultas 2021)

Jahnel Dietmar (Hrsg), Kommentar zur Datenschutz-Grundverordnung (Jan Sramek 2021)

Jahnel Dietmar (Hrsg), Jahrbuch Datenschutzrecht 2014/3 (NWV 2014)

Jahnel Dietmar, Rechtsgrundlagen, Cookies und Web-Logs, ecolex 2001/1

Knyrim Rainer (Hrsg), DatKomm Art 95 DSGVO (2018)

Knyrim Rainer (Hrsg), Praxishandbuch Datenschutzrecht[4] (Manz 2020)

Kühling Jürgen/Büchner Benedikt (Hrsg), DSGVO. Kommentar (C.H.Beck 2017)

Kunnert Gerhard, Digitale Interaktion mit (Potential-)Kunden (Teil 1), Dako 4/2021, 83

Löffler Michael, Datenschutzrechtliche Herausforderungen beim Besuchertracking, Dako 2/2022, 28

Messner Juliane/Mosing Max W., BGH hat zu (auch nicht-personenbezogenen) Cookies entschieden – Relevanz auch in Österreich?!, Dako 4/2020, 88

Pachinger Michael M., Datenschutz-Verträge (LexisNexis 2021)

Wolff Heinrich/Brink Stefan (Hrsg), Beck'scher Online-Kommentar Datenschutzrecht[19] Art 95 (2017)

Rechtsquellen

Bundesgesetz, mit dem ein Telekommunikationsgesetz erlassen wird (Telekommunikationsgesetz 2021 – TKG 2021), BGBl I 190/2021

Bundesgesetz, mit dem ein Telekommunikationsgesetz erlassen wird (Telekommunikationsgesetz 2003 – TKG 2003), BGBl. I 70/2003

Bundesgesetz über die Gleichstellung von Menschen mit Behinderungen (Bundes-Behindertengleichstellungsgesetz – BGStG), BGBl. I. 82/2005

Bundes-Verfassungsgesetz (B-VG), BGBl. 1/1930 idF BGBl. I 194/1999

Charta der Europäischen Union, ABl C 2012/326, 391

Verordnung 2016/679/EU des Europäischen Parlamentes und des Rates vom 27.04.2016 zum Schutz natürlicher Personen bei der Verarbeitung personenbezogener Daten, zum freien Datenverkehr und zur Aufhebung der Richtlinie 95/45/EG (Datenschutz-Grundverordnung), ABl L 2016/119, 1

Richtlinie (EU) 2018/1972 des Europäischen Parlaments und des Rates vom 11. Dezember 2018 über den europäischen Kodex für die elektronische Kommunikation, ABl L 2018/321, 36

Richtlinie 2016/680/EU des Europäischen Parlaments und des Rates vom 27. April 2016 zum Schutz natürlicher Personen bei der Verarbeitung personenbezogener Daten durch die zuständigen Behörden zum Zwecke der Verhütung, Ermittlung, Aufdeckung oder Verfolgung von Straftaten oder der Strafvollstreckung sowie zum freien Datenverkehr und zur Aufhebung des Rahmenbeschlusses 2008/977/JI des Rates, ABl L 2016/119, 89

Richtlinie 2009/136/EG des Europäischen Parlaments und des Rates vom 25. November 2009 zur Änderung der Richtlinie 2002/22/EG über den Universaldienst und Nutzerrechte bei elektronischen Kommunikationsnetzen und -diensten, der Richtlinie 2002/58/EG über die Verarbeitung personenbezogener Daten und den Schutz der Privatsphäre in der elektronischen Kommunikation und der Verordnung (EG) Nr. 2006/2004 über die Zusammenarbeit im Verbraucherschutz, ABl L 2009/337, 29

Richtlinie 2002/58/EG des Europäischen Parlament und des Rates vom 12. Juni 2002 über die Verarbeitung personenbezogener Daten und den Schutz der Privatsphäre in der elektronischen Kommunikation (Datenschutzrichtlinie für elektronische Kommunikation), ABl L 2002/201, 37
Richtlinie 2002/21/EG des europäischen Parlaments und des Rates vom 7. März 2002 über einen gemeinsamen Rechtsrahmen für elektronische Kommunikationsnetze und -dienste (Rahmenrichtlinie), ABl L 2002/108, 33

Richtlinie 95/46/EG des Europäischen Parlaments und des Rates vom 24. Oktober 1995 zum Schutz natürlicher Personen bei der Verarbeitung personenbezogener Daten und zum freien Datenverkehr, ABl L 1995/281, 31 idF L 2003/284, 1

Gesetzesmaterialien, Stellungnahmen und FAQ

ErlRV 1043 BlgNR XXVII. GP, 54

Art-29-Datenschutzgruppe, Stellungnahme 2/2010 zur Werbung auf Basis von Behavioural Targeting (2010)

Art-29-Datenschutzgruppe, Stellungnahme 4/2012 zur Ausnahme von Cookies von der Einwilligungspflicht (2012)

Art-29-Datenschutzgruppe, Stellungnahme 9/2014 zur Anwendung der Richtlinie 2002/58/EG auf die Nutzung des virtuellen Fingerabdrucks (2014)

EDSA, Stellungnahme 5/2019 zum Zusammenspiel der e-Datenschutz-Richtlinie und der DSGVO (2019)

DSB, FAQ zum Thema Cookies und Datenschutz, Stand 25.05.2022

Judikatur

VfGH 28.06.2017, V4/2017
DSB-D155.027, 2021-0.586.257 vom 22.12.2021
DSB-D123.224/0004-DSB/2018 vom 14.1.2019
DSB-D122.931/0003-DSB/2018 vom 30.11.2018
DSB-D123.076/0003-DSB/2018 vom 31.10.2018
EuGH 01.10.2019, C-673/17 (Planet 49)
GA 21.09.2019, C-673/17 (Planet 49)
EuGH 29.07.2019, C-40/17 (Fashion ID)
GA 19.12.2018, C-40/17 (Fashion ID)
EuGH 24.10.2017, C-210/16 (Wirtschaftsakademie)
EuGH 06.10.2016, C-582/14 (Breyer)
EuGH 19.01.1982, 8/81 (Becker/Finanzamt Münster-Innenstadt)

Internetquellen

<adobe.com/de/products/flashplayer/end-of-life.html> (07.09.2022)
<bmf.gv.at/presse/pressemeldungen/2022/mai/brunner-tursky.html> (07.09.2022)
<dataprotectioncontrol.org> (07.09.2022)
<de.wikipedia.org/wiki/Flash-Cookie> (07.09.2022)
<edpb.europa.eu/edpb_de> (07.09.2022)
<fb.gv.at> (07.09.2022)
<noyb.eu/en> (07.09.2022)
<parlament.gv.at/WWER/PAD_21407/index.shtml#> (07.09.2022)
<w3schools.com/js/js_cookies.asp> (07.09.2022)

INFORMATIONS- UND MEDIENRECHT

Bisher erschienen:

Band 1
Manuel Reiter *Barrierefreiheit im Zugang zur elektronischen Verwaltung* (2016)

Band 2
Elisabeth Kirschner *Transparenz der Verwaltung. Open (Government) Data, PSI-Richtlinie, Umweltinformation* (2016)

Band 3
Franz Lippe *Haftung und Auskunftspflicht von Forenbetreibern nach MedienG und ECG* (2016)

Band 4
Elisabeth Kirschner *Open Government aus rechts- und verwaltungswissenschaftlicher Sicht* (2016)

Band 5
Manuel Reiter *Smart Government. Konzepte der Verwaltung 4.0 in der Wiener Landesverwaltung* (2017)

Band 6
Marek Gerhalter *Internationale Datentransfers im Lichte der DSGVO und der DSRL-PJ* (2021)

Band 7
Elke Schnötzinger *Das Recht auf Meinungs- und Informationsfreiheit im digitalen Zeitalter* (2021)

Band 8
Johannes Kropej *Kartellrechtliche Bewertung von Geoblocking* (2022)

Kolibri 360 GmbH
Ferdinand-Jühlke-Straße 7
99095 Erfurt, Deutschland
produktsicherheit@kolibri360.de